südwest

REGULA STÄMPFLI

LIEBER ICH ALS PERFEKT

Warum Denken schön macht und wie ich authentisch lebe

myBooks herausgegeben von Marion Grillparzer

Inhalt

1.

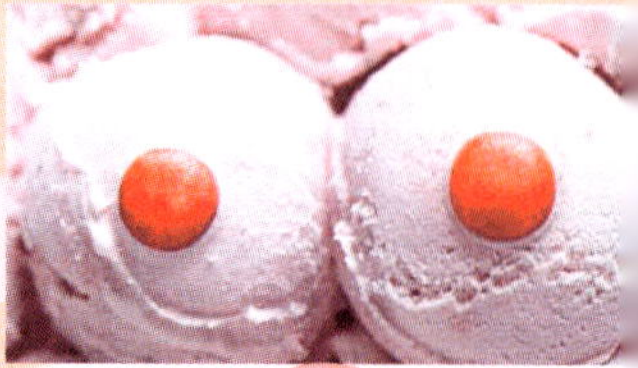

2.

Inhalt

6.

7.

Aktionen

Rezepte

Darf ich vorstellen?

… das hier rechts ist Regula Stämpfli

Das erste Mal traf ich Regula Stämpfli in einer Situation, in der mir die Angst vor dem Unperfektsein aus jeder Pore troff. Ein Puderpinsel flog über meine Furcht-Stirnfurchen, und neben mir zwitscherte fröhlich schweizerische Gelassenheit. Wir saßen in der Maske im WDR in Köln kurz vor der WestArt-Talkrunde zum Thema „Diäten". Meine Hände spritzten Angstschweiß … und die tolle Frau mit den schwarzen Locken und dem kurzen Rock und den meterhohen Absätzen und dem unsichtbaren Feuermal im Gesicht erzählt mir, dass sie meine Bücher mag. Und wie toll sie es findet, dass ich auch hier bin.
Ich hab' mir dann ein Herz gefasst und ihr von meiner Kamera-Angst erzählt. Und dass ich das ja alles gar nicht könnte. Und dass ich am liebsten doch nicht da wäre. Und dass ich bestimmt kein Wort rausbrächte. Und dass ich mich vor dem anwesenden Doktor fürchte … Wow. Damit entzündete ich ein Feuerwerk an Aufmunterung, Angstvertreibung, Aufbauarbeit … „Sie müssen doch nur Sie selbst sein … Perfekt will eh keiner wirklich."

Ich glitt im Folgenden unperfekt, ganz „ich", durch eineinhalb Stunden Talkrunde. Und das, wenn man von den ersten paar Zitter-Minuten absieht, ziemlich okay.

Damals habe ich mir gedacht, dass jede Frau immer dann, wenn sie kurz davor ist, über ihre wunderbare Unperfektheit zu stolpern und ihr „Ich" schrumpft und schrumpft und schrumpft, einfach nur ein paar kluge Sätze von einem Lebens-Coach bräuchte wie Regula Stämpfli es ist, eine Philosophin, eine Denkerin ohne Geländer, eine kluge Frau, die uns vorlebt, wie

schön es ist, nicht-normal zu sein, nicht so-wie-die-anderen zu sein, sondern eben ganz individuell. Nicht Schönheitsidealen und Perfektionsansprüchen hinterherzuhechten, sondern lieber zu leben – so richtig lebendig, lebenslustig eben.

Nun, wir „Lieber-ich-als-perfekt"-Frauen können alles beim Universum bestellen. Und so bestellte ich für Sie dieses kleine polititische, historische, philosophische Büchlein, das nicht nur zum Nachdenken, sondern auch zum Weiterdenken anregt. Eine Anleitung zum sinnlichen, unperfekten, leichten und ernsthaft-lustigen Leben. Denn Nicht-Perfekte – das werden Sie erfahren – dürfen aus der Rolle fallen, von Normwerten abweichen, in Pfützen hüpfen, ihre eigene Mode kreieren, überall die Nase reinstecken, nicht mehr an Klischees wie „Männer wollen Sex, Frauen Liebe" glauben … und freilich auch ein bisschen gescheit mitreden. In jedem Fall fallen sie nicht mehr auf das Geschäft mit der Unzufriedenheit rein, legen sie ihr hässliches-Entlein-Dasein ab, entdecken den Schwan in sich und schüren die Freude am Frau-Sein.

Herzlichst
Ihre Marion Grillparzer

Wer rät denn da?

Eine kleine Geschichte über den Menschen, der dieses Buch schreibt

Darf ich mich Ihnen kurz vorstellen? Welche Regula Stämpfli hätten Sie denn gern? Sie dürfen wählen zwischen der „Nervensäge aus Brüssel“, „Lara Croft der Politologie“, „Mutter dreier Kinder“, „Philosophin“, „Denkerin ohne Geländer“ oder „LaStaempfli“. In einem Porträt für eine Schweizer Zeitung wurde ich mal gefragt: „Frau Stämpfli, sind Sie eitel?“ – worauf ich schlagfertig meinte: „Selbstverständlich, ich hoffe, das sieht man auch!“ „Normal kann ich nicht“, pflege ich zu antworten, wenn mich Journalisten fragen: „Wie groß, wie schwer, wie alt und wie schön sind Sie?“ Ich bin – so wenig wie Sie, liebe Leserin und lieber Leser – ein Jahrgangs-, Kilo- und Zentimeterverhältnis ... Die Maße machen mich nicht zum Menschen, oder habe ich da was Entscheidendes verpasst? Schauen Sie sich um. Nach diesem Buch werden Sie unzählige tolle, zauberhafte, lebensfreudige, liebevolle, lebendige Frauen in Ihrer Umgebung finden. Denn im „Lieber ich als perfekt“ lohnt sich der Blick auf sich selbst, um dann in den anderen auch das Gute, Schöne und Wahre zu erkennen.

Wie komme ich nun aber als Philosophin dazu, ein Ratgeberbuch mit dem Untertitel „Wie Denken schön macht“ zu verfassen? Es geht mir um eine praktische Umsetzung des eigenen Denkens über die klassische Grundfrage: „Was ist der Mensch und wie sollte er sein?“ Gleichzeitig schaue ich mit großen Augen in die Welt, und was ich darin sehe, gefällt mir manchmal gar nicht. Frauen sind – oberflächlich betrachtet – gleichberechtigt. Doch was ihren Körper, ihre Sexualität, ihre Sinnlichkeit, ihre Kreativität, ihr Eigenleben, ihre Räume betrifft, liegt vieles im Argen. Weshalb dem so ist, haben viele zauberhafte Frauen aus der Geschichte und Gegenwart erklärt. Es ist höchste Zeit, endlich von der Analy-

se zu praktischen Lösungen zu kommen. Seit 1999 schreibe ich politische, historische und philosophische Bücher, meist nur für ein ausgewähltes Fachpublikum. Dieses Büchlein hier ist als Einstieg und Programm fürs eigene Weiterdenken und -leben gedacht, das mit lustigen Geschichten und Einsichten bereichert werden soll. In meinem Buch *Vermessung der Frau. Von Botox, Hormonen und anderem Irrsinn* (2013 erschienen) habe ich die Grundlagen gelegt, wie die Herrschaft der Zahlen und des Optimierungswahns interpretiert werden sollten. Die Geburtsanzeige: eine Zahlenreihe aus Datum, Größe und Gewicht. Der Grabstein: eine Zahlenreihe aus Geburtsjahr und Sterbejahr. Wo bleibt eigentlich der Mensch zwischen den Zahlen? *Lieber ich als perfekt* soll Sie leicht und locker für die Lust, die Vielfalt, fürs Lachen, für sinnliche Weiblichkeit und für die größte aller Tätigkeiten, nämlich das Denken, begeistern.
Bon voyage!

Herzlich
Ihre Regula Stämpfli

1. Lieber ich als perfekt ...

Es gibt viele Gründe, es einfach mal auszuprobieren: das Nicht-perfekt-Sein. Es bringt Spaß, ist total trendig, da so außergewöhnlich, macht leicht und verspricht Lebenslust. Nicht-Perfekte dürfen schusseln, zu kurze Röcke tragen, das Make-up vergessen, die Liebsten küssen, *Tarte au chocolat* genießen, Nietzsche zitieren, das Putzen verschieben, die Waage ignorieren, in der U-Bahn laut lachen, auf einem Bein oder rückwärts gehen. Neugierig? Na dann …

Schönheit: Welches Korsett hätten Sie denn gern?

Frauen haben beispielsweise immer das falsche Alter. Sind Frauen zu jung, werden sie nicht ernst genommen, sind sie älter, werden sie immer auf ihre fehlende Jugend angesprochen. Konnten unsere Großmütter das luftabschnürende Fischbeingestänge noch ausziehen, haben wir modernen Frauen es dafür im Stammhirn gespeichert. Ständig müssen wir uns vorwerfen, nicht zu genügen. Wir sind nie dünn genug, denn falls dem so wäre, dann müssten wir ins Krankenhaus: Size Zero, diese Nullnummer lässt grüßen. Wir sind nie schön genug, selbst Cindy Crawford meinte einmal, selbst sie würde gerne morgens als das Titelmodell Cindy Crawford vor dem Spiegel stehen …, doch meist sehe die Realität ganz anders aus. Wir verdienen nie genug, weil die Bestseller-Autorin Sheryl Sandberg uns allen ein schlechtes Gewissen macht, weil wir, wie sie schreibt, einfach nicht genügend Willen zum Erfolg hätten. Tja. Das ist als Millionärin mit einem Mann zu Hause wohl etwas einfacher als für uns Nicht-Perfekte. Wir machen nie genug Sport, weil uns meistens der Teller Pasta nach einem anstrengenden Tag mit Kind, Kegel, Mann, keinem Mann, einem manchmal ziemlich frustrierenden Job besser schmeckt als ein Halbmarathon auf dem Hometrainer. Wir sind nie jung genug, weil wir, sobald wir merken, wie schön die Jugend sein könnte, schon längst daraus entwachsen sind. Wir haben nie den richtigen Sex, da wir vor lauter Ratschlägen, wie wir unserem Mann, unserem Liebhaber, unserer Partnerin oder uns selber genügen sollen, dafür entweder zu müde sind oder gar keine eigenen Fantasien mehr aufbringen können, was uns ganz speziell wirklich Lust macht. Wir sind nie nur Frau, sodass wir sehr oft wie Männer denken und gar nicht merken, dass das Denken eben kein Geschlecht hat. Also Schluss damit! Da wir eh nie genügen, können wir es ja mal mit dem Nicht-Perfekten probieren. Und, wie fühlt es sich an? Gut, nicht? Schließlich sind wir keine Joghurts mit Verfallsdatum und normierten Qualitätsanforderungen.

Ein perfektes Geschäft

Das Geschäft mit der Unzufriedenheit der Frauen mit sich selbst bringt Millionen ein. Weltweit werden für Kosmetika pro Jahr mehrere Milliarden Euro ausgegeben. Das Business mit dem Wunsch der Frauen nach Schönheit, Jugend und einem verführerischen Körper wächst parallel mit dem seelischen Unglück der Frauen, eben nicht den medialen und wissenschaftlich erforschten Schönheitsidealen zu entsprechen. Jede selbstständige Frau weiß zwar, dass sie mit ihrer Selbstkritik eigentlich eine Industrie befördert, die ihr auch wieder schadet, und trotzdem probiere auch ich gerne neue Beauty-Pillen oder -Crèmes aus. Zudem finde ich auch, dass eine Frau gleichzeitig Girlie, Vollweib, Sexsymbol und Feministin sein kann und soll. Es geht ja auch nicht einfach darum, im Nicht-Perfektsein plötzlich wie das hässliche Entlein herumzuwatscheln, sondern den Schwan in sich zu erkennen. Wie bei allen wichtigen Fragen des Lebens hilft

die eigene Urteilskraft: Wann werden wir von einer Werbekampagne als Frauen einfach bösartig veräpfelt? Was heißt für uns Schönheit? Wie können wir uns unsere eigenen Bilder schaffen, ohne dass wir uns von all den Fremdbildern deprimieren lassen?

Sind die alten Griechen schuld?

Was wird den alten Griechen nicht alles in die Schuhe geschoben … bieten sie uns doch eine hervorragende Projektionsfläche! Mit Blick auf ihre wundervollen Werke in Kunst und Architektur spricht man nicht von ungefähr vom „klassischen Schönheitsideal". Doch das ist eigentlich gar nicht das Schönheitsideal der klassischen Antike selbst, sondern das des Klassizismus – man denke an J.J. Winckelmanns Ausspruch „edle Einfalt, stille Größe" und das angeblich schneeige Weiß der griechischen Tempel und Statuen, die – wie längst gesichert ist – kräftig bunt bemalt waren. Was die Griechen mit Schönheit wirklich genau meinten, kann noch jahrelang weiterdiskutiert werden.

Klar ist nur: Das klassische Ideal von Schönheit war immer auch ein Streben nach Perfektion. Doch wie genau das Verständnis von Schönheit bei den alten Griechen war, ist hoch umstritten und lässt sich nicht in ein paar Zeilen und schon gar nicht in der Art und Weise der Evolutionsbiologen abhandeln. Den doppel- und dreifachdeutigen hochphilosophischen Sätzen werden derartige Oberflächenbetrachtungen nie gerecht.

Doch im Kern geht es immer um gewisse Menschenbilder. Da gibt sich jede Gesellschaft gerne eine Antwort, und die der Griechen war nun eben, vor allem nach Wahrheit und Schönheit zu streben, wobei einige darunter so fies waren, „wahr" und „schön" gleichzusetzen. Dass Letzteres falsch ist, wissen wir spätestens seit Leni Riefenstahls *Ästhetik des Grauens.* Denn auch wenn einige Nazis schneidig daherkamen – die Hässlichkeit ihrer Ideologie war nicht zu überbieten. Dies gilt es bei all den oberflächlichen Schönheitsdiskussionen zu bedenken, wenn einige ältere Herren behaupten: „Es gibt ein klassisches Schönheitsideal, und dies ist über alle Jahrhunderte gleich geblieben." Nein, ist es nicht, glauben Sie mir!

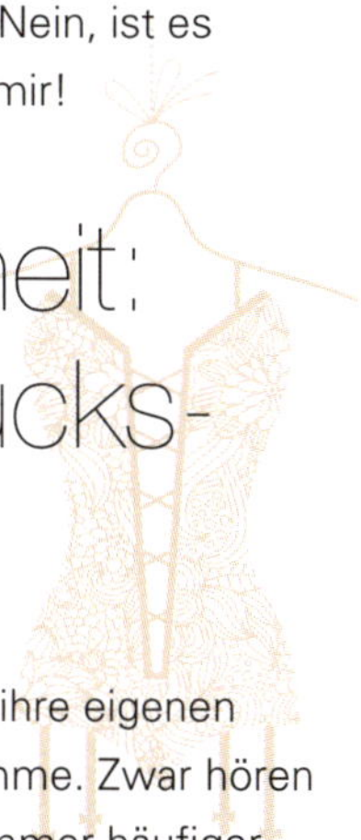

Schönheit: das Glückslos?

Jede Zeit gibt sich ihre eigenen Schönheitsprogramme. Zwar hören wir in letzter Zeit immer häufiger, dass es so etwas wie ein ehernes Gesetz der Attraktivität gäbe, sprich, dass schöne Menschen mehr Sex, Geld, Liebe und Erfolg im Beruf hätten. Dass dies nicht stimmen kann, sehen wir auf den ersten Blick ja selber. Ich möchte Angela Merkel wirklich nicht zu nahe treten, aber doch festhalten, dass sie – wie jüngst in der Forbes-Liste aufgeführt – die mächtigste Frau weltweit ist, gleichzeitig aber nicht auch noch der schönste Mensch sein muss. Dass die Forscher dies jedoch entgegen realen Menschen in den diversen Regierungen, Unternehmen und Banken immer wieder behaupten – „Schöne werden eher gewählt"- , liegt wohl daran, dass sie damit viel Aufmerksamkeit kriegen, was sie jedoch nicht automatisch attraktiver macht – siehe die Autorin von *Erotisches Kapital* Catherine Hakim – sondern eher ihre Brieftasche füllt. Attraktiv sind die Menschen dann, wenn sie sich in ihrer Haut wohlfühlen. Das heißt aber auch, dass sie sich geliebt, anerkannt, wertgeschätzt und in der Gesellschaft aufgehoben fühlen müssen. So ist es auch einfacher, erfolgreich zu sein. Sie sehen: Das mit der klassischen Schönheit und all dem Attraktivitäts- und Karrieregeschwätz ist viel komplexer, als uns dies mit Vorbedacht am Cash orientierte Bestseller weismachen wollen.

Jedes hässliche Entlein ist eigentlich ein Schwan …

LaStaempfli

Gesunde Skepsis

Es gibt ein altes Sprichwort: „Wes Brot ich ess, des Lied ich sing." Auf die Schönheitsideale angewandt, würde es lauten: „Wes Brot ich ess, des Körper ich bring." Die Schönheitsideale haben sich über die Geschichte der Menschheit immer wieder verändert. Und glauben Sie mir: Die damaligen Menschen fanden ihre Klumpfüße, ihre Giraffenhälse, ihre fetten Hintern genauso „klassisch" und unveränderlich schön wie wir unsere Klappergestelle in modischer Kleidung.

Rezept

Anleitung zum Unglücklichsein

½ TL gängige Wissenschaft in Pulverform
50 ml Religion
200 ml politische Herrschaft
1 Prise Macht

Die Religion kochen lassen, bis sie nicht mehr als Religion, sondern als eigene Überzeugung wahrgenommen wird. Die politische Herrschaft gut mit der Prise Macht würzen und die gängige Wissenschaft in Pulverform beifügen. Alles in einem Simmertopf der Ungleichheit und Autoritätsgläubigkeit erhitzen. Mit etwas Unterhaltung süßen, und fertig ist das, was Ihnen dann alle als „klassische Schönheit" verkaufen wollen.

Wer bin ich?

Lieber-ich-als-perfekt-Aktion

Platz für mein Foto

Am .... 20 ..... :

Bitte füllen Sie die folgenden 3 Seiten aus.

„Schön" heißt für mich

....

....

....

Mein Körper ist für mich

....

....

....

Frau-Sein ist für mich

....

....

....

Perfektionsansprüche sind für mich

....

....

....

Freiheit ist für mich:

eigene Zeit

eigene Interessen

unerwünscht

eigener Raum

selten

Meine innere Schönheit:

Ausstrahlung .... cm

Humor .... cm

Liebenswürdigkeit .... cm

Spannende Geschichten .... cm

Die wiegen .... kg .... % Fett .... % Muskelmasse

Was tut mir gut, was nicht?

....

....

....

In puncto Schönheit total stressen tut mich

....

....

....

Mich freut richtig, wenn

....

....

....

Lieber-ich-als-perfekt-Aktion

Wenn ich mich wieder mal nicht schön finde, wen rufe ich an oder welches Buch, welche Musik, welche Tätigkeit hilft mir dagegen?

.... Tel.: ....

.... Tel.: ....

.... Tel.: ....

Buchtitel: ....

ISBN-Nr.: ....

Buchtitel: ....

ISBN-Nr.: ....

Buchtitel: ....

ISBN-Nr.: ....

Musik: ....

Musik: ....

Musik: ....

Aktivität: ....

Aktivität: ....

Aktivität: ....

Wen möchte ich zu meinem ersten „Lieber-ich-als-perfekt-Dinner“ einladen?

....

....

10 gute Gründe, das Schönheitskorsett abzulegen

Weshalb wir – statt uns von Werbung, Wissenschaft, Politik und Mode definieren zu lassen – zu selbstbewussten, schönen und lachenden Menschen werden sollten …

Schönheitsideale satt: Mit *The Beauty Myth* („Der Mythos Schönheit") brachte die amerikanische Schriftstellerin Naomi Wolf schon 1990 das Leiden von Frauen an herrschenden Schönheitsidealen auf den Punkt. Das Buch ist immer noch lesenswert, und die Leserin wird sich nach der Lektüre von allen Schönheitsdiktaten in Medien, Werbung, Wissenschaft und Politik verabschieden.

Neugierde: Wie wir aussehen sollten, wissen wir mittlerweile. Sie können wählen zwischen Germany´s Next Topmodel, der perfekt gestylten Nachrichtensprecherin, der disziplinierten Politikerin oder der knallharten Businessfrau im gut sitzenden Kostüm. Diese Kategorien sind langweilig. Da möchte frau doch lieber selber mal ausprobieren, wie sie aussehen möchte.

Mehr Offenheit: Sicher, es gibt immer noch die Frauen, die sich

selber und andere vor allem am Aussehen messen. Aber mal ganz ehrlich: Kennen Sie solche wirklich auch persönlich? Ich bin gerne mit Frauen zusammen, die keine Ideologie dazu haben, wie „Frau" auszusehen oder sich zu benehmen hat. Weniger Ideologie, weniger Dogmen, weniger Zeigefinger, weniger Abgrenzung lockt immer mehr selbstbewusste Mittäterinnen an.
Auch in den angesagten Blogs wie http://maedchenmannschaft.net, http://www.blonderblog.ch und http://feminismus101.de lernt man vielfältige Aspekte zum Thema „Frau-Sein" kennen.

Mitreden können: Frauen sind in aller Munde, und meistens wird mit vollem Mund und äußerst unanständig geredet. Ein eigenes Urteil ist entscheidend, und ja: Wissen kann nicht schaden!

Lustig. Ob Sie es glauben oder nicht: Die Freiheit, sich von einem fixen Ideal zu verabschieden, macht sinnlich und verleiht dem Leben viel Humor. „Als Gott Adam schuf, übte sie bloß." Witz ist eine geniale Waffe, um bestehende Macht zu entlarven. Seien Sie wie das Kind im Andersen-Märchen *Des Kaisers neue Kleider* und wagen Sie, das Undenkbare auch zu tragen …

Weil's schön macht, sich gut anfühlt … Früher haben die Frauen gebetet und Gott gedient, jetzt sind sie ständig auf Diät und huldigen ihrem Schlankheitsideal. Die weibliche *vita activa* (das „tätige Leben") verkümmert zur sterilen und langweiligen Angelegenheit, wenn sie nur noch um den eigenen Körper kreist. Leben, denken und handeln ersetzen die Sucht (was mit „suchen" zusammenhängt) nach Essen. Denken statt essen macht übrigens ziemlich schlank ...

Korsett weg – der Mut ist da: Je besser Sie über Geschichte, Philosophie, Politik und Kunst Bescheid wissen – alles Männerdomänen, übrigens – desto weniger beschäftigen Sie sich nur mit Ihrem Aussehen. Gehen Sie öfters mal allein in eine Ausstellung, und Sie werden erkennen: Der Besuch einer Ausstellung mit Werken der Künstlerin Cindy Sherman macht Sie viel schöner als falsche Nägel und ist obendrein noch billiger.

Ihr Umfeld fühlt sich wohler. Viele Menschen fühlen sich unwohl angesichts disziplinierter Mitmenschen, die keinerlei Schwäche zeigen. Deshalb verunsichern sich Frauen auch oft gegenseitig, indem sie sich in ihren Ansprüchen gegenseitig hochschaukeln. Es fühlt sich großartig an, in einer Schwäche, die man als Stärke hat umdeuten können, nicht mehr perfekt sein zu müssen. Vor allem wenn es um das eigene Aussehen geht …

Mehr Selbstsicherheit. Vielleicht wird es Ihnen zu Beginn noch schwerfallen, von Ihrem ganz spezifischen und eigenen Korsett, das sich aus gesellschaftlichen und eigenen Vorstellungen zusammensetzt, Abschied zu nehmen. Oft fühlt man sich dabei wie wenn man einen alten Bekannten verlassen muss, der einem zwar ans Herz gewachsen ist, aber nicht mehr wirklich zu einem passt. Doch das Gefühl der Befreiung ist phänomenal – ich kenne dies aus eigener Erfahrung.

Feministinnen haben den besseren Sex: In allen Umfragen kommt Deutschland bei der Frage nach dem Sex ziemlich schlecht weg. „Erotischer Deutscher" klingt auch nicht grad nach einem Kino-Welthit, oder? Schon mal daran gedacht, dass dies mit dem herrschenden Frauenbild zusammenhängen könnte? Wagen Sie mal einen Ausflug in die feministischen Nachbarländer wie Frankreich, Dänemark oder auch Schweden und Finnland … Sie werden staunen!

Frauen, die andere Frauen schätzen, gewinnen unglaublich an Selbstwert.

LaStaempfli

Lieber-ich-als-perfekt-Aktion

Schönheitsdiktat weg! Warum ich?

Wenn ich so darüber nachdenke, dann möchte ich einfach mal vier Wochen ohne Schönheitsdiktat leben, weil

1. es mir mehr Zeit gibt für andere Dinge als mein Aussehen.
2. ich mich dabei in meiner Haut wohlfühle.
3. ....
4. ....
5. ....
6. ....
7. ....
8. ....
9. ....
10. ....
11. ....
12. ....
13. ....
14. ....
15. ....
16. ....
17. ....
18. ....

Gute Geschichten

Die Wurzeln des herrschenden Schönheitsdiktats liegen auch im Verschwinden der traditionellen Religionen. „Wie denn das?", mögen Sie sich fragen. Das ist ganz einfach: Wenn es keinen Gott mehr gibt, keine höhere Instanz, die einem versichert, man sei trotz aller Imperfektheiten immer noch in Ordnung, kann man nicht mehr auf den perfekten Himmel warten, sondern muss ihn sich hier auf Erden schaffen. „Gott ist tot, es lebe der Körper!", würde ich diese Entwicklung auf den Punkt bringen. Dies ist mitunter die Tragik der Geschichte. Fallen die Religionen weg, dann sind wir freier. Doch statt die Freiheit auch zu leben, finden wir immer neue Korsette, die uns in uns selber gefangen halten.

Schönheitsapostel Darwin

Als Charles Darwin 1859 über *Die Entstehung der Arten* schrieb, prägte er für seine Evolutionstheorie den Begriff „Survival of the Fittest". Damit meinte er aber keinesfalls das Überleben der physisch

Stärksten, sondern das Überleben der am besten Angepassten. „Mir ist, als gestehe ich einen Mord", schrieb der große Wissenschaftler in seinem revolutionären Werk. Tatsächlich revolutionierte Darwin das zeitgenössische Weltbild. Damit aber auch das herrschende Menschenbild, woran lange Zeit vor allem in Deutschland die Idee des Stärkeren so beliebt war. Darwins Theorie, dass sich Tiere nur aus den Antrieben „Fortpflanzung" und „Fressen" entwickeln, wurde nun auch auf die Menschen angewandt, was Darwin selber erstaunt hätte. Dies führt heute dazu, dass Essen und Sex nicht mehr einfach nur als Notwendigkeiten, sondern als Sinn des Lebens verstanden werden. Dabei ist der Mensch doch mehr, als er isst oder als das, was er im Schlafzimmer tut, meinen Sie nicht auch? Doch die Idee, dass Menschen alles nur tun, weil sie Nahrung brauchen und sich fortpflanzen wollen, hält sich hartnäckig und mit großem Erfolg. Wäre dem tatsächlich so, dann könnten wir uns die großartigen Komponisten, Dichter und Denkerinnen nicht wirklich erklären. Sie wären dann sogenannte Zufallsprodukte der Evolution. Mittlerweile ist die Wissenschaft etwas offener geworden und bringt auch immer mehr Studien heraus, dass nicht allein die Biologie, sondern sehr wohl auch die Kultur große Triebkräfte für menschliches Handeln freisetzt. Und da Kultur bekanntlich keine exakte Wissenschaft ist, sollte sie auch keine Zwangsnormen entwickeln … weshalb wir uns an ihr zwar orientieren dürfen, aber ja nie, wenn es darum geht, der perfekte Mensch im herrschenden Wertesystem zu werden.

Besserwisser

„Sozialdarwinismus"

ist die Bezeichnung für eine menschenverachtende Ideologie, die Menschen aufgrund von Blut, Rasse und Geschlecht einordnet. Allen Konzepten, die „den Menschen" für immer und ewig definieren wollen, muss man mit Skepsis begegnen. Der Philosoph Richard David Precht bringt das mit dem Titel: *Wer bin ich und wenn ja, wie viele?* auf den Punkt.

Wer war die Schönste in der Vergangenheit?

Die Venus von Willendorf ist rund 25 000 Jahre alt und nur 11 Zentimeter groß, und dennoch erhitzt die kleine Frauenfigur seit ihrer Auffindung 1908 die Gemüter. Für die einen symbolisiert sie mit ihrem üppig kugeligen Leib den Kult um Fruchtbarkeit, stellt sie ein wunderbares Beispiel einer Muttergottheit dar, für die anderen verkörpert sie den damaligen Schönheitsbegriff, was Dritte wiederum vehement von sich weisen, da die Dame nicht den herrschenden Idealen von „gebärfähigem Frischfleisch" entspricht. Wie dem auch sei: Über den Lauf der Geschichte hinweg entwickelten sich die Schönheitsideale eher entlang der Ähnlichkeit mit der Venus von Willendorf als mit der von Heidi Klum. Nur behaupten heute ganz viele, dass dem nicht so sei, sondern allein das klassische Schönheitsideal der alten Griechen für immer gelten solle. Dabei zeigen gerade die Texte der griechischen Antike, dass der Schönheitsbegriff viel komplexer war als gedacht. Ein wunderschöner Vers des antiken griechischen Dichters Hesiod lautet: „Wer schön ist, ist lieb, wer nicht schön ist, ist nicht lieb."
Dies entspricht ganz meiner Erfahrung, aber in umgekehrter Form: Wer lieb ist, ist für mich immer schön, und wer sich hässlich benimmt, ist sofort auch unattraktiv. Für mich passen „lieb" und „schön" zusammen, weil ich automatisch auch einen in den Medien gepriesenen gutaussehenden Diktator als einen wirklich unattraktiven, abstoßenden Mann empfinden würde.

Die Geschichte erzählt uns immer wieder neue, spannende und inspirierende Variationen. Sie erinnert uns daran, dass das, was ist, auch ganz anders hätte sein können. Ich sage ja immer: „Geschichte ist aktuelle Politik in kostümierter Form." Der große Kulturtheoretiker und Filmemacher Alexander Kluge ist noch direkter und bezeichnet die Geschichte so: „Der Angriff der

Gegenwart auf die übrige Zeit." Die Vorurteile unserer Gegenwart formten auch die Ideale der Vergangenheit. So wie heute die Attraktivitätsforscher behaupten, sie hätten die Schönheit vermessen oder sogar die *Mathematik der Liebe* ausgerechnet, bemühten sich in der Vergangenheit viele Männer, den Frauen vorzuschreiben, wie sie „richtig" auszusehen hätten.

Schönheit bei Frauen sah also immer wieder neu und anders, alt oder jung aus, und oft war es nicht mal für die Frauen selbst wichtig, dass sie schön waren, sondern für die Männer. Die Menschen erfanden für ihre Erscheinungsform die unterschiedlichsten Körper und Gesichter: mal bleich, mal gebräunt, mal blond, mal brünett oder auch feuerrot, mal schlank, mollig, zierlicher Busen, hohe Stirn, kurze, starke Beine, die sich mit Gazellenhälsen oder -schenkeln abwechselten, kurz: „schön" bezeichnete in der Vergangenheit eine Variation der Vielfalt. „Schön" war zu jeder Zeit etwas anderes und nie unveränderlich. Je nach Land, historischer Epoche und Kultur konnte sich Schönheit in den unterschiedlichsten Formen manifestieren. Schönheit war mal sinnlich erfahrbares Konzept, mal das Zeichen Gottes oder Sinn der Wahrheit, mal Ausdruck von Gesundheit, mal das Ideal oder die Idee schlechthin. Immer wieder versuchte sich die Schönheit am menschlichen Körper und siehe da: Dieser sah dann immer anders aus.

Besserwisser

Frauen nur Deko?

Frauen haben die achtmal höhere Chance, mit einem Bild als mit ihrem Namen, ihrem Beruf, ihrer Funktion in den Medien zu erscheinen. Frauen werden in den Medien eher als Illustration benutzt, als dass sie selber reden, schreiben oder gestalten dürften.

Finden Sie das schön?

Ein Paradebeispiel für weibliche Verstümmelung, die angeblich schön sein soll, ist der Hals-und Körperschmuck der Padaung-Frauen in Myanmar. Dafür wird, angefangen bei den 5-Jährigen, den Mädchen eine Messingspirale um den Hals gelegt. Diese Spirale wird bei der heranwachsenden Frau immer wieder verlängert, bis dann ein bis zu 30 Zentimeter hohes Metallmonstrum den Hals scheinbar schwanengleich dehnt. Hatte dieser Brauch früher noch mythologische und rituelle Hintergründe, so bedient er heute fast ausnahmslos das Voyeursbedürfnis der Touristen. Mittlerweile gibt es sogar ein richtiges Schaudorf in Nordthailand, in dem der moderne Bildungstourist die Einheimischen wie Zootiere begaffen kann. Dass die Frauen dies alles für Geld tun, möchte natürlich keiner wirklich wissen. Lieber glauben wir Westler an das Idyll des nach perfekter Schönheit strebenden Naturvolks. Auch hier wieder gilt es zu bemerken: Wenn sich Frauen anpassen, sich also perfekt ins Schema einfügen, kann das mit unendlichen Schmerzen verbunden sein. Wie wohl die Padaung-Frauen in Myanmar reagieren würden, wenn wir ihnen zuriefen: „Lieber ich als perfekt!"?

Eine besonders bizarre, schmerzhafte Form der weiblichen Verstümmelung war auch der Lotosfuß. Erfunden vor über tausend Jahren in China, stellte die Verkrüppelung von Frauenfüßen bis zur Mitte des 20. Jahrhunderts eine qualvolle Methode zur Unterdrückung der Frauen dar. Es galt als hocherotisch („Trippelschrittchen") und als Zeichen von Wohlstand, abgebundene Füße zu haben. Lotosfüße verhinderten effektiv, dass sich Frauen frei bewegen konnten und fesselten sie an Heim und Herd. Die Frauen waren den Männern damit unterworfen und konnten diese auch nicht mehr betrügen, denn zum „Fremd-Gehen" brauchte es eben Füße zum Gehen. Zynischerweise war es dann die Industrialisierung Chinas und der damit verbundene Bedarf an billigen weiblichen Arbeitskräften, der maßgeblich zur Abschaffung des Brauchs der Lotosfüße beitrug. Westliche Frauen hingegen betrachten das schmerzhafte Herumstolzieren auf 15 Zentimeter hohen Absätzen erstaunlicherweise als Selbstverwirklichung.

Besserwisser

Beauty lies in the eye of the beholder ...

Wie variabel und letztlich beliebig die Schönheitsideale sind, die oft als unabänderlich dargestellt werden, belegen historische und kulturanthropologische Studien. Die Schönheit liegt im Auge des Betrachters der jeweiligen Gesellschaft und ist nie fix.

Körper oder Kleid modellieren?

Zierliche, kleine Brüste und ein Spitzbauch waren schon mal völlig en vogue, und zwar im 13.–15. Jahrhundert, als hierzulande die Gotik eindrückliche Kathedralen errichtete. Mit der Renaissance wandelte sich dieses Schönheitsideal hin zu einer sinnlicheren Form, was sowohl Männer wie Frauen üppiger machte. Bis ins 16. Jahrhundert mussten Frauen korpulent sein, wir würden sagen: fett … Wenigstens erzählen uns dies die Bilder aus der damaligen Zeit. Der große historische Umbruch durch die Renaissance (was nichts anderes heißt als die „Wiedergeburt" der klassischen Antike) mit der Zweiteilung von Körper und Denken, manifestierte sich dann auch in den herrschenden Schönheitsidealen. Ein Paradebeispiel für die Zeit des 17. und 18. Jahrhunderts war der Barock, wo nicht nur die Korpulenz, sondern regelrecht die Üppigkeit, die Dekadenz, der Prunk auch am menschlichen Körper verehrt wurde. Legendär für diese Zeit sind die Rubensfrauen, deren Geschlechtsmerkmale mit ihren überbetonten Formen und Linien direkt auf die Sexualität hinweisen. Aus dieser Zeit haben wir auch in der Moderne die Wespentaille übernommen – denn die Rubensfrauen waren zwar üppig, doch ihre Taille musste schmal sein, damit die ausladenden Hüften von den hervorgehobenen Brüsten noch unterschieden werden konnten. Wie der menschliche, vor allem der weibliche Körper abgebildet wurde, hing immer mit den gesellschaftlichen Werten wie soziale Stellung, Macht und Reichtum zusammen. In Wellenbewegungen wurden im Dienst der Schönheitsideale manchmal die Körper der Menschen modelliert, oder die Mode übernahm die Schönheitsideale. Besonders auffällig war in dem Zusammenhang das Korsett. Es sollte die Zerbrechlichkeit und die Zartheit des damaligen Frauenbildes (und nicht die Frauenkörper) symbolisieren. Das Korsett war also nur dazu da, um die damaligen Frauen an ihre völlig schutzbedürftige politische und rechtliche Stellung zu erinnern. Erst die großen Kriege des 20. Jahrhunderts vermochten die Frauen von strikten Modezwängen zu befreien. Da hatten sie aber die Kröte (= das Korsett) leider schon geschluckt. Und manchmal fragt man sich doch, was schlimmer ist: ein enges, die Luft abschnürendes Korsett, das wenigstens zur Nachtruhe ausgezogen werden kann, oder ein Korsett, das im Stammhirn gespeichert ist? Für Nicht-Perfekte lohnt es sich, das Korsett endlich auf den Scheiterhaufen belastender Gegenstände – sowohl im Außen wie im Innen – zu werfen.

Noch mal apropos Schönheit und Perfektionswahn: Weniger ist hier definitiv mehr. Wann immer Sie an Ihren Ansprüchen an die eigene Schönheit scheitern, erinnern Sie sich: Alles ist relativ. Schönheit ist nie objektiv, statisch, sondern unterliegt der Kultur, der Epoche, den Herrschaftsverhältnissen und den jeweiligen Menschenbildern, die sich meist in „Männerbild" und „Frauenbild" unterteilen. Wenn Sie eventuell den letzten Eurovision Song Contest mitverfolgt haben, wissen Sie seit Conchita Wurst auch, dass heutzutage Männer mit Bart perfekt Frauenkleider tragen können und damit der Welt zeigen, dass Menschen in allen Formen und Variationen willkommen sind.

Superschlank & perfekt

Noch nie in der Geschichte der Menschheit mussten Frauen so dünn sein wie heute. Gemessen am Durchschnitt wog ein Model im

Jahr 1965 nur 8 Prozent weniger als die Normalfrau. Heute muss ein Model bis zu 40 Prozent weniger wiegen als die durchschnittliche westliche Frau.
Beim globalen Trend zum Superdünnsein handelt es sich um eine kulturelle Praxis, kein Gesundheitsgebot. Je emanzipierter eine Gesellschaft, umso dünner die Frauen. War Dicksein bis vor wenigen Jahrzehnten noch ein Zeichen des Wohlstands, ist die Leibesfülle mittlerweile ein Zeichen von Armut oder gar Krankheit. Dicksein wird mit Disziplinlosigkeit verbunden, was den perfekten, coolen Standards der Gesellschaft widerspricht. Hier führen uns die Schönheitsideale direkt zu gesellschaftlichen Krankheitsbildern. Denn wer die Wärme im eigenen Körper missachtet und sprichwörtlich als „Klappergestell" durch die Gegend läuft, wird auch die Wärme anderer Körper nicht schätzen.

Schönheit hat ihren Preis – der Mensch bezahlt sie meist mit schlechtem Geschmack.

LaStaempfli

Vom Frevel der schönen Geburt

Dorian Gray ist reich, makellos schön und äußerst intelligent. Er ist der Liebling der Society und gerät als solcher in die Fänge des zynischen Verführers Lord Henry. Lord Henry führt ihm den Preis des körperlichen Verfalls mit so krassen Worten vor Augen, dass Dorian Gray einen Pakt mit seinem Adonis-Bild schließt: Das Gemälde soll an seiner Stelle altern. Ohne Moral, ohne Bindung begeht nun Dorian Gray hinter einer schönen Fassade jede Grausamkeit, die Menschen nur ersinnen können.

Die Erzählung *Das Bildnis des Dorian Gray* von Oscar Wilde zeigt uns, was passiert, wenn wir den Körper als Wert an und für sich betrachten und ihm alles opfern, was uns als Menschen zu Menschen macht. Ein großartiges Werk, das den nächsten Gang zum Schönheitschirurgen etwas erschwert.

Das war doch schon immer so ...

Kürzlich saß ich mitten in einem Gespräch über Schönheitsideale, Frauen, Männer und Berufe. Jedesmal, wenn ich bemerkte, dass die ganze Story etwas komplexer sei als ein Sommerabendprogramm mit Rosamunde Pilcher, warf irgendwer ein: „Was willst du denn? Das war doch schon immer so." Meistens hörte ich das Argument, dass Männer alt und reich und Frauen eben jung und schön sein müssten, um in unserer Gesellschaft bestehen zu können. „Nein, das war nicht schon immer so. Im Gegenteil!"

Wenn bei Ihnen in nächster Zeit wieder jemand vorbeikommt, der auf Ihr Entsetzen über eine strohdumme Schönheitsstudie im Sinn von „Schöne haben besseren Sex" mit „Aber das war doch schon immer so!" antwortet, bleiben Sie gelassen und entgegnen ihm: „Hmm. Sie meinen also, die wichtigsten Dinge des Lebens in den Beziehungen der Menschen hätten sich seit Anbeginn der Zeit nie verändert? Dass Sie Mammuts gejagt haben und ich den Mammuteintopf gekocht hätte? Unter uns: Ich war schon damals 'ne schlechte Köchin, während ich heute 'ne wirklich gute Projektmanagerin bin. Und ich habe schlechte Nachrichten für Sie: ‚Das war schon immer so' kann in unterschiedlichen Zeiten Unterschiedliches bedeuten, so waren beispielsweise bei den ägyptischen Pharaonen Geschwisterehen üblich und im europäischen Mittelalter das „Bäckerschupfen" (Untertauchen in Wasser oder Unrat) – eine öffentliche Bestrafung für Angehörige dieser Zunft, die zu leichtes oder qualitativ minderes Brot buken – nicht auszudenken, wenn ... Es gibt also kein ‚Das war schon immer so'. Es gibt keine

absolute Wahrheit über die Vergangenheit, sondern im besten Fall nur eine Annäherung an dieselbe."
Nur Perfekte tyrannisieren sich und ihre Umgebung mit einem absoluten Wahrheitsanspruch. Alle anderen lachen, leben und sind immer wieder gespannt, was wohl Nächstes wahr werden wird.

Besserwisser

Begriffs-los, aber essgestört

Als 1995 auf den Fiji-Inseln das Fernsehen eingeführt wurde, nahmen in den folgenden Jahren die Essstörungen bei den Frauen massiv zu. Dies an einem Ort, wo die Sprache nicht einmal einen Begriff für „Essstörung" hatte.

Lieber ich – als ein perfektes Bild

In früheren Jahrhunderten war die Verbreitung von Schönheitsnormen auf Gemälde beschränkt, die bei den Mächtigen in Schlafzimmer, Eingangshalle und Salon herumhingen. Schönheit war jahrhundertelang eh eine ausschließliche Beschäftigung der oberen Schichten. Sie hatten schließlich auch die Mittel und die Zeit dazu, sich mit sich selber zu beschäftigen, da ihre Untertanen für sie das Notwendige herbeischafften. So sieht man in unterentwickelten Gesellschaften auch heute noch, dass Essstörungen bei Mädchen nicht vorhanden sind … bis sie Zugang zu den westlichen Medien kriegen. Die Möglichkeiten der millionenfachen technischen Reproduktion einheitlicher Schönheits- und Gesundheitsnormen sind in der Gegenwart unbegrenzt. So werden trotz Kampagnen für „Übergrößenmodels" vor allem perfekte Bilder mit perfekten Frauen vollgepflastert. Angesichts einer derartigen Bilder-Flut ist es schwer, sich zu entziehen und laut „Lieber ich" zu rufen. Am besten ist immer noch: Möglichst wenig hinschauen und sich mit anderem als nur mit sich selbst beschäftigen. Das lenkt nicht nur ab, sondern ist auch äußerst kreativ.

Lieber-ich-als-perfekt-Aktion

Mein „Unperfect Me“

Probieren Sie es doch einmal aus: Das Nicht-perfekt-Sein. Machen Sie jetzt gleich mal eine Wanderung durch Ihre Wohnung und schauen Sie doch mal, welche Möbel Sie verrücken könnten. Gehen Sie Ihren Kleiderschrank durch: Gibt es perfekte Anzüge, Outfits, die Sie mal mit einer ungewohnten Kombination ergänzen könnten? Gucken Sie das alles mal mit anderen Augen an: Was steht wo, weil es „so sein muss“, was ist da, weil es sich gut anfühlt, schön anzusehen ist und einfach zu Ihnen gehört? Was täten Sie gerne, von dem Sie aber wissen, dass Sie das nie tun dürfen?

Meine Ideen

Lieber ich als
Klischee ...

2.

Es gibt viele Gründe, es einfach mal auszuprobieren: sich über Klischees kaputtzulachen. Es macht Spaß, gibt auf Partys guten Konversationsstoff, fühlt sich leicht an, schmeckt im Gespräch wie Küsse und verspricht champagnerprickelndes Charisma. Braucht ein Fisch ein Fahrrad, um glücklich zu sein? Wenn nicht, dann lesen Sie weiter – und viel Vergnügen!

Statt eines nackten Hinterns besser mal einen klaren Kopf

Simone de Beauvoir, eine der größten Philosophinnen des letzten Jahrhunderts, wurde in Paris gefeiert. Respektive ihr 100. Geburtstag. Mit einem eigenen Magazin und Titelblatt des französischen *Observateur.* Wie würden Sie die Philosophin „bebildern"?
Richtig: nackt und von hinten. Angezogen und von vorne, natürlich! Sie hätten eines der wunderbaren Bilder von Simone de Beauvoir auf den Titel gesetzt, und Ihnen hätte – als Abwechslung von den Nackten – eine kluge Frau auf dem Titelblatt entgegengelächelt. Aber dem sollte nicht so sein. Das Jubiläumsheft, das eine der größten Philosophinnen des 20. Jahrhunderts feierte, zeigte eine nackte Frau von hinten. Dahinter steckte wahrscheinlich nicht einmal eine sexistische oder bewusst hinterhältige Absicht der Redaktion. Aus eigener Erfahrung weiß ich jedoch genau, wie die Chose ihren Lauf nahm: Die einzige Frau in der Redaktion brachte ein: *Simone de Beauvoir wird 100 Jahre alt, machen wir was?* Ein männlicher Redaktionskollege ruft: *Geil, ja klar! Haben wir ein Bild von ihr mit Sartre drauf?* Die Frau in der Redaktion wirft ein: *Simone de Beauvoir war eine der größten Philosophinnen des 20. Jahrhunderts. Auch ohne Sartre. Sei nicht so empfindlich!* hört sie dann sofort. *Klar machen wir was. Aber wir brauchen doch eine Illustration. Hat irgendwer 'ne gute Idee?* Die Redaktionskollegin: *Von Simone de Beauvoir existieren viele schöne Porträtfotos, die wären ideal, wir müssen nur die Rechte kriegen.* Alle flippen schnell durch Google Images. *Hey, geil. Habt ihr das gesehen?* Alle starren auf das Bild mit der nackten Frau von hinten. *Nicht schlecht, was? Die Beauvoir hatte was im Kopf*

und im Hintern. Wieherndes Gelächter. *Das nehmen wir,* beschließt der Chefredaktor. *Und die Überschrift zum Titel heißt dann: La Scandaleuse.* Großes Gelächter, Schenkelklatschen, und die Frau in der Redaktion lächelt etwas unsicher mit. Genauso passierte es dann. Sogar Simone de Beauvoir meinte: „Der Mann sieht, die Frau wird gesehen." Und ja: Die Philosophin konnte nicht nur messerscharf denken, sie sah auch nackt und von hinten messerscharf aus. Doch das war ja nicht eigentlich das Thema, oder doch?

Eigene Erfahrungen

So oder ähnlich passiert es jeden Tag. Die einzige Frau in der Chefredaktion hatte keine Chance. Sie hätte auch keine Chance gehabt, wenn sie etwas älter und noch zwei junge Kolleginnen dabei gewesen wären. Die jungen Kolleginnen hätten mitgemacht, und die ältere Redakteurin, die das Stahlbad sexistischer Medien schon mehr als 20 Jahre überlebt hatte, konnte nur verlieren. Also Klappe halten. Sexismus runterschlucken, weitermachen. Jeden Tag grüßt das Murmeltier. Meine eigenen Erfahrungen zu dem Thema würden Bände füllen.

Einmal saß ich in meiner Funktion als Mitglied des Vorstands einer Stiftung mit der Sekretärin irgendwo in Deutschland. Wir warteten auf die Kollegen und den Sitzungsbeginn. Der altehrwürdige Stiftungspräsident streckte kurz den Kopf durch die Türe und meinte: „Ach, noch niemand da?" Die Sekretärin und ich blickten einander betroffen an und lachten drauflos. Unter lautem Kichern wiederholten wir wieder und wieder den unnachahmlichen Satz: „Ach, noch niemand da!" Die Kollegen, die dazustießen, kriegten mit unserem Lachen eine Sehhilfe, denn die Feststellung, dass zwei Frauen im Sitzungszimmer Niemand sind, erinnert an Odysseus und den Zyklopen Polyphem. Seitdem schaute der Stiftungspräsident bei jedem wichtigen Satz zuerst mich an, und sein schlechtes Gewissen wegen seiner Sehschwäche verhalf mir dank Lachen zur Lohnerhöhung.

Eine andere Episode war weniger lustig, kam aber auch zu einem guten Ende: Kürzlich lancierte ich eine wirklich geniale Idee für eine politische Kampagne. Alle waren Feuer und Flamme, die Webpage wurde konzipiert, ich machte Slogan, Text und Logo – alles paletti. Bis ich den ersten Entwurf der Webpage sah. Fassungslos starrte ich auf das Eingangsbild mit den Verantwortlichen der Kampagne: Ich war von den Jungs nicht draufgesetzt worden. Ich, ohne die die Kampagne nie stattgefunden hätte! Sofort setzte ich meinen Freund in

Geschichte

Andra moi ennepe mousa, polytropon … Ausflug in die antike Mythologie

Odysseus landete während seiner 10-jährigen Irrfahrt („Odyssee") auch bei Polyphem, Sohn des Meeresgottes Poseidon, einem Zyklopen mit einem Auge in der Stirnmitte. Als Polyphem Odysseus nach dessen Namen fragte, antwortete Odysseus: „Niemand". Statt dass der Riese Odysseus und seinen Gefährten Gastrecht gewährt hätte, sperrte er die Männer in seiner Höhle ein und verschlang brutal einige Gefährten des „vielgewandten" Ithakers. Doch mithilfe schweren Weins und einer List konnten ihm die Griechen entkommen: Am nächsten Abend schaffte es Odysseus, den Riesen betrunken zu machen und ihm mit Unterstützung der verbliebenen Gefährten einen glühenden Pfahl in sein einziges Auge zu rammen. Als der geblendete Zyklop am anderen Morgen die Höhle öffnete, um seine Widder ins Freie zu lassen, gelang Odysseus und seinen Männern die Flucht, sie hatten sich unter den Bäuchen der Tiere verborgen und an ihrem Fell festgehalten. So kam es, dass Polyphem schmerz- und wutentbrannt herumschrie: „Niemand hat mich geblendet! Niemand hat mir meine Schafe gestohlen! Niemand hat versucht, mich zu ermorden!", was dazu führte, dass Polyphem auch niemand zu Hilfe eilte. Weshalb auch? Wenn niemand etwas tut …

meinem Büro darauf an, die Angelegenheit zu klären. Dass ich dies nicht selber tun konnte, war klar. Denn sogar einer so angesehenen Frau wie mir unterstellt man „Empfindlichkeit", wobei es ganz klar um Gerechtigkeit ging. Hätte ein Mann die Idee gehabt, er wäre bei der Webseite auf das Frontcover gekommen. Und: Nur von einem Mann ließ sich der andere Mann in puncto Gleichstellung belehren.

Klischees: Das perfekte Geschäft

Das Geschäft mit Klischees bringt Millionen ein. Die Konsumgüterindustrie profitiert von jedem Warensegment, das sich speziell bewerben lässt. Vor Jahren gab es in den großen Warenhäusern nur Kinderabteilungen. Heute können Sie Kilometer hinter sich bringen, wenn Sie Ihrer Nichte oder der Tochter Ihrer Freundin ein Geburtstagsgeschenk besorgen wollen. Disney führt mittlerweile 26 000(!) Produkte in eigenen Prinzessinnen-Serien. Pumuckl finden Sie nirgendwo mehr in Mädchenregalen. Schätzungsweise werden kleine Mädchen tagtäglich mit über 500 Anzeigen in irgendeiner Form konfrontiert, die die Zweigliederung der Geschlechter betont, sprich: sexistische, frauenspezifische, typisch weibliche Werbung produziert.

Klischees verdoppeln den Absatzmarkt. Führt man die Zielgruppe „Kinder" wieder ein, geht die Verdoppelung des Markts durch Jungen und Mädchen verloren. Wer Kinder in „Mädchen" und „Jungs" unterteilen kann, verdient mehrfach. Der Trick der Werbeindustrie besteht seit Jahrhunderten darin, Produkte zu bewerben, die niemand braucht. Was ist da besser, als eine neue Kategorie zu erfinden, die auf völlig unnötige Konsumgüter hereinfällt?

Wir können uns aufregen über Ferrero und Legos „pinke Serie", doch eines ist klar: Hier geht es um Big Business und Macht. Und wenn wir das einmal verstehen, können wir uns auch besser erklären, weshalb die Diskussion um Frauen und Männer, um Mädchen und Jungs manchmal so vergiftet und bösartig ist.

Die braven Hofberichterstatter können vor lauter Kriechen kaum mehr stehen.

LaStaempfli

Besserwisser

Vom Umgang mit Klischees

Es ist kein Problem, dass du hetero bist – aber musst du das so deutlich zeigen??? Klischees entlarvt man am besten, indem man sie umdreht.

Steinzeitjäger gehören zwar in die Steinzeit, aber …

Wissen Sie, wie man Mammuteintopf kocht? Nicht? Das ist aber erstaunlich! Scheint es doch so zu sein, dass Frauen die geborenen Mammuteintopf-Köchinnen sind und Männer die Mammutjäger. So oder ähnlich erzählen es uns die Evolutionsbiologen. Die Evolutionsbiologen oder -anthropologen versuchen uns seit über 20 Jahren weiszumachen, dass Männer Neandertaler und Frauen „Frau Neandertalerin" sind. Die Motivation der Wissenschaftler ist klar: Sie verkaufen sich mit ihren dümmlichen Schlagzeilen „Männer wollen Sex, Frauen Liebe" verdammt gut, und sogar die Frauen haben im Fach „Evolution" mittlerweile Kasse gemacht. Die Regale in den Buchhandlungen bersten vor lauter Bestsellern, weshalb das Gehirn der Frauen sie daran hindert, bei ihrem Chef 'ne Lohnerhöhung zu verlangen. Angesichts dieser Tatsache erstaunt es mich nicht, dass der Neandertaler in Tat und Wahrheit noch lange nicht ausgestorben ist – aber ich meine dies ganz anders als die dümmlichen Wissenschaftler und blökenden Journalisten, die derartigen Schrott unkritisch verbreiten. Wenn sich sogar Fledermäuse nicht einfach mehr paaren dürfen, sondern flirten müssen, Gruppensex haben oder fremdgehen, dann stimmt etwas nicht. Es sind Fledermäuse, Jungs, nicht Ihr selber!

Warum Augenärzte besser sehen

Ein befreundeter Arzt erzählte mir von einem Kollegen, der Augenarzt ist. Gibt es etwas über das menschliche Auge, das die meisten Menschen nicht wissen? Ja, klar! Die Vorstellung, dass das Auge sieht, ist falsch. Das Gehirn sieht, nicht das Auge. Das Auge bestimmt nur die Reize, die es ans Gehirn weitergibt. Dort werden diese dann verarbeitet. Deshalb ist das, was wir sehen, nicht bestimmt durch das, was unser Auge reinbringt, sprich: das, was wir sehen. Vielmehr ist das, was wir sehen enorm durch unser Wissen, unsere Gefühle, unsere Erinnerungen an das, was wir schon einmal gesehen haben, geprägt. Als Philosophin sage ich dazu: „Wahrheit kann man eben nicht sehen, sondern höchstens spüren oder damit argumentieren."

Wider die Natur?

Wie oft hören Sie das Argument, Mädchen seien schon vom Babyalter an anders als Jungs? „Das ist doch nur natürlich." Nichts ist natürlich, sogar die Natur ist nicht natürlich, wenn man genau hinschaut. Doch diese Argumentation hat System. „Das ist doch nur natürlich, Schatz“, flüstert der Ehemann ins Ohr der Frau, die sich gegen ihre Abwertung in der Ehe wehrt. „Das ist doch nur natürlich“, meinen die Medien, wenn eine Frau mit – aus der Sicht der Medien – zu kurzem Rock vergewaltigt wird. „Natürlich“ ist meist ein Persilschein für Gewalt, Folter, Unterdrückung und Ungleichheit.

Jede Zeit gibt sich ihre eigenen wissenschaftlichen Ideologien. Im 19. Jahrhundert wurden Abertausende Frauen gegen Hysterie behandelt, eine Krankheit, die erstaunlicherweise im Zuge der Emanzipation verschwunden ist. Dafür leiden die Frauen jetzt unter Essstörungen, was wohl auch eher mit der Gesellschaft als mit der täglichen Kalorienzufuhr zusammenhängt. Dennoch gibt es täglich Hundert- und Aberhunderttausende von Forschern, die sich nur darum kümmern, alle Lebewesen in Männchen und Weibchen, in normal und nicht-normal, in gesund und krank einzuteilen und diese Ideologie an unglücklichen Tieren zu testen. Sie zucken beim Begriff „Ideologie und Wissenschaft“ zusammen? Nichts da! Jede Wissenschaft hat ihre Zeit und damit auch ihr religiöses oder eben ideologisches Fundament.
Dies erklärt auch, weshalb die modernen Wissenschaften erst während der Renaissance wirklich zu blühen beginnen konnten, denn vorher hielt die katholische Kirche mit Kreuz, Schwert und Folter jede Erkenntnis, die ihr hätte schaden können, unter dem Deckel. Die Evolutionswissenschaften sind heutzutage so beliebt und werden entsprechend gefördert, weil sie so perfekt in die herrschende Marktwirtschaft passen. Sie bieten den Überbau, damit Menschen mehr kaufen, als sie benötigen. Sie sind eigentliche Produktwissenschaften. Sie produzieren für einen Markt, der ihre Erkenntnisse für noch mehr Absatzbraucht wie die Luft zum Atmen. Also: Wider die Natur ist gar nichts. Aber wider den gesunden Menschenverstand ist mittlerweile vieles, das sich als Wissenschaft ausgibt.

Gesunde Skepsis

Die Titel diverser Studien: *Ehemänner mit hübschen Ehefrauen sind glücklicher.* Na ja, kann man sich gut vorstellen. Ehefrauen haben auch viel lieber hübschere Männer als den Typen im uralten Schiesser-Unterhemd inklusive Bierwampe. *Warum Männer, die staubsaugen, mehr Sex haben.* Dies ist sicher nur in Deutschland der Fall, oder können Sie sich einen Gitanes rauchenden Franzosen mit Staubsauger vorstellen? *Was Frauen und Männer beim Sex bereuen.* Nun, es kommt auf den Sex an. Die Studie behauptete, dass Männer oft vor dem Sex nicht nach dem Namen der Frau fragen – ehrlich: Haben die noch alle Tassen im Schrank? *Mit kurzem Vornamen verdient man mehr.* Ist schon klar, weil man dafür mit längeren Studien nichts mehr verdient. *Darum täuschen Frauen so oft den Orgasmus vor.* Vielleicht, damit es schneller geht? *Männer kommen vom Mars, Frauen von der Venus* und der Autor direkt von seinem Astrologen.

Rezept

Klischees backen*

Für ca. 16 Klischees
Zubereitungszeit: 20 Min.
Backen: 25 Min.
40 g Eugenik, 40 g Sozialdarwinismus, 40 g Sexismus, 80 g feuchte, mittelstark gehackte Pornografie, 100 g Religion, 2 EL gequetschte Aggression, 120 g Sarrazin-Dicksaft, 1 Päckli History Docs

Alle Zutaten (bis auf die Pornografie und die Religion) inklusive Sexismusflocken in einer Schüssel mischen. Die gequetschte Aggression mit 3 Talkshows verrühren, kurz wirken lassen und das Ganze nun mit den Medienschlagzeilen inklusive History Docs verfeinern. Alles kreuzförmig, etwa 1 cm hoch auf ein Backpapier streichen. Kann auch gut zwischen zwei Lagen Backpapier ausgewalzt werden. Nun im vorgeheizten Ofen bei 160° Umluft 25 Min. backen. Noch heiß in Riegel schneiden und auf einem Gitter auskühlen lassen. Achtung: Die frisch gebackenen Klischees können – wenn zu lange draußen – schnell mal zu Rassismen und Sexismen vergären.

* Bei allfälligen Nebenwirkungen fragen Sie Ihren Demokraten oder Rechtsstaatler.

Lieber-ich-als-perfekt-Aktien

Welchem Klischee entspreche ich, welchem nicht und welchem Klischee möchte ich entsprechen?

Wer bin ich am .... 20 .... :

Bitte füllen Sie die folgenden Seiten aus.

„Klischee“ heißt für mich

....

....

....

Lustige Klischees sind für mich

....

....

....

Wahre Klischees finde ich

....

....

....

Doofe Klischees sind

....

....

....

Menschsein (sowohl Mann als auch Frau) heißt für mich:

- ☐ Leichtigkeit
- ☐ Reden
- ☐ Liebe
- ☐ Humor
- ☐ Zuhören
- ☐ Energie
- ☐ Freude
- ☐ Witz
- ☐ Vielfalt
- ☐ Es gibt keine Menschen, nur Männer und Frauen
- ☐ Ernst

Meine Maße:

Oberarm .... cm

Bauch .... cm

Hüfte .... cm

Oberschenkel .... cm

Ich wiege .... kg .... % Fett .... % Muskelmasse

Wie könnte ich was für mich transformieren?

Total stressen tun mich folgende Vorurteile:

....

....

....

Lieber-ich-als-perfekt-Aktion

Mich freut richtig, wenn folgende Vorurteile überhaupt keine Rolle spielen:

Klischeefrei leben heißt für mich

Wenn ich mich wieder mal so tierisch über ein Klischee aufrege, dann rufe ich an:

Tel.:

Tel.:

Tel.:

Mit wem und wo kann ich vorurteilsfreie, lustige Abende verbringen, die erotisch, leicht, angeregt und amüsant sind?

9 gute Gründe, klischeefrei zu leben

Was uns bewegt, von klassischen Vorurteilen abzulassen ...

Klischees satt: In *Irre! Wir behandeln die Falschen, unser Problem sind die Normalen* erklärte uns der Arzt und Psychiater Manfred Lütz schon 2011, weshalb die meisten Studien, Normalos und Wertvorschriften, die wir heute kriegen, irre, wir aber eigentlich ganz normal seien. Wer das Buch liest, bekommt die besten Argumente gegen den grassierenden Wahnsinn an die Hand.

Neugierde: Wenn Sie nicht mehr sicher sind, was nun Männer zu Männern und Frauen zu Frauen macht oder weshalb Kinder noch Menschen sind und nicht nur Geschlechtswesen, wird die Welt unglaublich aufregend. Seien Sie neugierig: Es könnte sein, dass sie auf eine ganz unbekannte Reise gehen ...

Mehr Offenheit: Sicher, es gibt immer noch die Feministinnen, die ihre BHs verbrennen, Männer grundsätzlich für Schweine halten und Birkenstock-Latschen tragen. Ich kenne zwar keine, aber wenn Klischee, dann richtig. Feminismus ist en vogue. Lesen Sie die Blogs junger Feministinnen, die sich was trauen!

Wenn Menschen Schimpansen wären, wären 80-jährige Frauen ständig schwanger von ihren 20-jährigen Liebhabern.

LaStaempfli

Mitreden können. Mich langweilen die berühmten „Frauenthemen" oft. Ich rede gerne über Poli-

tik, über Bücher, über Filme, über Sehenswürdigkeiten, über gute Restaurants, geile Musik. Emotionen und Gespräche über meist fehlenden oder schlechten Sex langweilen mich eher … die anderen Themen find' ich wesentlich spannender!

Freude am Frau-Sein. Wenn Sie von anderen Frauen das Beste erwarten, erwarten Sie auch von sich das Beste. Wenn Sie andere Frauen gerne als Chefinnen haben, dann sind Sie selbst eine gute Chefin. Wenn Sie andere Frauen wichtig nehmen, nehmen Sie auch sich selber wichtig. Und: Vergeben Sie sich und anderen Frauen Rückfälle. Das sind nur Ehrenrunden im Klischeeteich, was jeder von uns durchaus erlaubt sein soll.

> *Man ehrt lieber tote Frauen, statt den lebendigen wirklich zuzuhören.*
>
> *LaStaempfli*

Weil's schön macht und sich gut anfühlt … Wer die negativen Bilder von Frauen nicht beachtet, fühlt sich selber wohler und schöner. Wenn Sie nichts Nettes über eine andere Frau sagen können, sagen Sie lieber gar nichts – es tut Ihnen wirklich besser!

Kein Verzicht. Lernen Sie lustige Witze über Frauen und Männer auswendig. Dann haben Sie täglich Ihre Portion an Klischee, die Sie noch brauchen. Ansonsten werden Sie sehen: Auf Vorurteile zu verzichten, die die Kategorien „Männer" und „Frauen" betreffen, ist kein Verzicht. Man fühlt sich ohne wesentlich besser!

Die Umwelt fühlt sich wohler: Weshalb gibt es so viele männliche Komiker und so wenige weibliche? Eine Erklärung, die mir plausibel scheint, ist, dass Komiker deshalb lustig wurden, weil sie ihre Mütter zum Lachen bringen wollten. Frauen lachen in Deutschland selten. Liegt es daran, dass sie zu viel putzen, statt zu lachen? Oder weil sie nur deutsche Männer um sich haben? So oder so: Sind Frauen glücklich und müssen ihren Ist- nicht ständig mit einem Soll-Zustand vergleichen, ist auch die ganze Welt um sie herum glücklich.

Besserwisser

Gleichberechtigung macht glücklich

Der Lebendsstandardindex spricht eine deutliche Sprache: Glücklich sind die Menschen nur in den Ländern, in welchen Frauen gleichberechtigt sind.

Eine frohe Welt ist nur eine mit frohen Frauen!

LaStaempfli

Lieber-ich-als-perfekt-Aktion

Klischee noch mal! Warum ich nicht mehr?

Wenn ich so darüber nachdenke, dann möchte ich einfach mal vier Wochen klischeefrei leben, weil

1. ich mich dabei nicht immer anpassen muss.
2. ich laut sein kann, obwohl ich 'ne Frau bin.
3. ....
4. ....
5. ....
6. ....
7. ....
8. ....
9. ....
10. ....
11. ....
12. ....
13. ....
14. ....
15. ....
16. ....
17. ....

Welches Urteil wäre schwerer umzustoßen als ein Vorurteil?

Stefan Zweig

Geistesblitze eines toten Fischs

Der Neuropsychologe Craig Bennett von der University of California legte in einem hochwissenschaftlichen Experiment einen Probanden in den Kernspin-Tomographen, ließ ihn kognitive Aufgaben (Denkaufgaben) lösen und durchleuchtete währenddessen sein Gehirn. Ein ganz normaler Vorgang also und ein üblicher naturwissenschaftlicher Ansatz. Das Experiment dauerte 5 Minuten und ergab wunderbare Bilder. Offensichtlich hatte der Proband seine Aufgabe verstanden. Der Neuropsychologe Bennett zeigte die Bilder, und alle waren von den Erkenntnissen des Probanden tief beeindruckt. Das einzige Problem an der Geschichte war: Der Proband war ein toter Fisch. Nicht alles, was so ist, wie es ist, ist auch richtig, wie es ist …

Tipp

Google und die Frauen
Wahnsinn mit Methode?

2013 hat die UN-Frauenkommission Google mit dessen Autocomplete-Funktion entlarvt. Jeder Eintrag zu Frauen, was sie sollten und was nicht, ergab als erste Hits Links zur völligen Diskriminierung von Frauen. „Frauen sollten nicht wählen“, „Frauen sollten nicht Auto fahren“, „Frauen sollten nicht lesen“, „Frauen sollten nicht Priesterinnen werden dürfen“, „Frauen sollten beschnitten werden“ u. a.

Wenn du wissen willst, wer dich beherrscht, musst du nur herausfinden, wen du nicht kritisieren darfst.

Voltaire

Ist das Internet ein Mann?

Die Frau hat in der Kirche zu schweigen", schrieb der Apostel Paulus. 2000 Jahre später gibt es Hunderttausende Pastorinnen, und selbst in der katholischen Kirche verbitten sich die Frauen mittlerweile die Behauptung, dass sie nichts zu sagen hätten. Während alle klassischen Institutionen von der Kirche über die Politik sogar bis hin zu einzelnen Medien gemerkt haben, dass Frauen, wenn sie reden, sehr viel zu sagen haben, gibt es neue Institutionen, die uns das Reden verbieten wollen. Geben Sie auf Google folgende drei Wörter ein: „Frauen sollten nicht …", und Sie werden völlig schockiert sein. Drei Wörter – und die Autocomplete-Funktion spuckt Sexismen aus, die schon vor der Französischen Revolution als frauenfeindlich erkannt worden waren. Geben Sie mal den Begriff „Frauen" auf Google ein, und was kommt als Erstes? Richtig: Bilder von halbbekleideten Frauen und ein Bestseller mit dem Titel: *Das wollen Frauen. Ein Sexratgeber.*

10.000 Vorurteile – Google Autocomplete

Das Internet produziert erschreckende Resultate, wenn es um Frauen geht. Längst überwundene Diskriminierung wird im Internet wieder salonfähig. Wirkt ein Klischee noch ergreifend, sind 100 dann schon faszinierend. Bei 1000 völlig irrsinnigen Vorurteilen werden wissenschaftliche Studien verfasst. Bei 10.000 Sexismen kriegt man dann eine Google-Autocomplete-Funktion oder einen hasserfüllten Wikipedia-Eintrag, wie dies bei meinem der Fall ist. Ich werde locker 10 Jahre älter gemacht und alle meine Preise, Auszeichnungen und Erfolge immer wieder gelöscht. Versuchen Sie, meinen Wikipedia-Eintrag zu ändern, und Sie merken: Hier sind Kräfte am Werk, die mit Wissen und Wahrheit wenig, dafür mit Diskriminierung sehr viel zu tun haben.

Frauenhass auf Wikipedia

Amanda Filipacchi wagte sich mit einem kritischen Artikel über Wikipedia in die New York Times. Das war 2013, und seitdem erlebt die amerikanische Schriftstellerin einen Shitstorm, der alle überrascht. Sie hat in ihrem Artikel zu Wikipedia lediglich festgestellt, dass amerikanische Literatur ganz seltsam aufgeführt wurde. Suchte man nach einem amerikanischen Buch, fiel man sofort auf eine Männer-Seite. Literatur war ausschließlich den Männern vorbehalten. Es erschien auf Wikipedia unter „Literatur in den USA“ kein einziges Buch von einer Frau. Was war passiert? Irgendein Wikipedia-Nerd war der klassischen Männerlogik gefolgt und hatte alle US-Romane so „geschickt“ in Sparten unterteilt, dass nur Männer Romane schrieben, während alle amerikanischen Autorinnen unter „Frauen-Literatur“ entsorgt wurden. Der Skandal war perfekt, und die arme Amanda Filipacchi kriegte einen Wikipedia-Eintrag, der sich gewaschen hat. Sie wurde verleugnet, ihre Werke nicht aufgeführt, die wichtigsten Preise gelöscht etc. Mir passiert dies immer wieder, und sich gegen Wikipedia zu wehren, ist gefährlich, kann aber auch sehr viel Lust machen. Ich habe auf diesem Weg viele Verbündete gewonnen.

Glauben Sie Wikipedia oder Ihren Augen?

LaStaempfli

Besserwisser

Auch eine Männerdomäne …

In Deutschland sind nur 13 Prozent aller Wiki-Autoren weiblich. Seit Wikipedia seine Algorithmen geändert hat, ist es für Frauen fast unmöglich, alte Einträge zu verändern.

Frau fragt, Mann antwortet

Es ist ein wahres Gruselkabinett, das sich einem öffnet, wenn man sich in die Höhle der Medien wagt. *Who makes the News* ist eine wohltätige Organisation, die sich der wichtigen Fragen von Frauenvertretung in Politik, Medien und Unterhaltung annimmt. Seit der UNO-Frauenkonferenz 1995 bemüht sich *Who makes the News,* Frauen und Medien weltweit ein Gesicht zu geben. Alle fünf Jahre wird ein Bericht publiziert, der Auskunft gibt, wie Frauen in unterschiedlichen Ländern in den Medien erscheinen. Die Befunde sind ebenso simpel wie erschreckend, und leider werden sie viel zu selten in den Medien auch diskutiert und verbreitet. Frau fragt, Mann antwortet, Frau erscheint mit Bild, aber sicher nicht mit Namen, Mann redet zu allem, Frau ist via Zivilstand eingeordnet, Mann hat einen Beruf – Frau eine Familie, Mann ist Täter, Frau ist Opfer … usw. Es ist wohl leichter für eine Frau, mit 80 Jahren den Mount Everest zu besteigen, als eine Medienberichterstattung zu kriegen, die sich nicht mit ihrer Frisur, dem Alter oder dem Gewicht beschäftigt.

Besserwisser

Frauenthemen und die Quotenfrau …

Sitzen bei insgesamt vier Gästen drei Frauen in einer TV-Talkrunde, kann es sich nur um ein Frauenthema handeln. Sitzt nur eine einzige Frau mitten unter Männern, dann wird über wirklich Wichtiges gesprochen …

Unkraut ins Parlament

Als in den 1980er-Jahren die Frauen im Parlament eher eine Seltenheit waren, meinte der Bundestagsabgeordnete und CSU-Mitbegründer Michael Horlacher großspurig: „Als Einzelne wirkt die Frau wie eine Blume im Parlament, in der Masse aber wie Unkraut." Seitdem hat sich einiges geändert, doch damals schrieb die großartige Schauspielerin Hannelore Mabry sofort ein Buch mit dem Titel *Unkraut ins Parlament.* Dieser pointierte Spruch avancierte dann auch zum Wahlkampfslogan. Frauen in der Politik haben es schwer, wenn sie sich nicht wie Ursula von der Leyen als PR-Genie bewegen können, oder wenn sie sich nicht wie Angela Merkel mit dem Rucksack einer DDR-Diktatur alles leisten dürfen, können und wissen, wie man dies tut. Die herausragende Susanne Gaschke, die sich als Journalistin einen hervorragenden Ruf erwarb, scheiterte erst letztes Jahr kläglich an ihrem politischen Amt, und der Abgesang zu ihrem Abgang klingt wie ein Schundroman aus dem letzten Jahrhundert. Sie sei zu arrogant, nicht teamfähig, unzugänglich, herablassend etc. gewesen. Frauen in Machtpositionen dürfen sich Arroganz erst dann leisten, wenn sie schon längst vergessen haben, das sie eigentlich noch Frauen und keine Funktionen

Alle arbeiten daran, die Welt vor allem zu zeigen – es kommt aber darauf an, sie zu verändern.

LaStaempfli (mit einer Prise Marx)

sind. Jede erfolgreiche Frau weiß, dass die eigene Unabhängigkeit ihre größte Stütze auf dem Weg nach oben und nach unten ist. Als Frau darf man sich nie und zu keiner Zeit von äußeren Meinungen abhängig machen. Denn diese sind so stark von den Frauenbildern der Betreffenden geprägt, dass sie alles über die Frauenfeindlichkeit in der Gesellschaft, aber wirklich nichts über die Kompetenz der jeweiligen Frauen aussagen.

Besserwisser

Lassen Sie sicht nicht unterbuttern!

Je mächtiger, je wissenschaftlicher, je allgemeingültiger sich die Einigung der maßgeblichen Kräfte präsentiert, desto größer muss die Vorsicht des/der Einzelnen sein.

Und ewig grüßt das Murmeltier!

Sind sie eitel? Sind Sie gerne eine Frau? Was halten Sie vom starken Geschlecht? Diese Fragen werden mir wirklich immer wieder gestellt. Ich bin eitel, ich hoffe, man sieht das auch, ich bin gerne eine Frau, da ich noch nichts Besseres probiert habe, und vom starken Geschlecht halte ich alles, da ich schließlich dazugehöre. Noch Fragen? Sind Sie gerne Mutter, Ehefrau von, Tochter von, Schwester von? Eigentlich ja, aber als Philosophin trage ich nicht jedesmal meinen Zivilstandsausweis auf mir. Frauen werden ständig über ihren Familienstatus definiert. Können Sie sich vorstellen, dass Barack Obama seinen ungarischen Kollegen Viktor Orbán im Rahmen einer Podiumsdiskussion fragen würde: „Bist du auch so nervös vor großen Auftritten?" Und Orbán mit: „Klar doch, deshalb bin ich immer besser als die anderen!", antworten würde? Nö. Ist aber erst kürzlich zwischen IWF-Chefin Christine Lagarde und Angela Merkel passiert. Solange sich Frauen ständig auf ihr Frau-Sein berufen oder darauf festgenagelt werden, kommen wir nicht voran. Nicht einmal bis zum nächsten Schuhladen …

Rezept

Beauté statt Klischee

½ TL Simone de Beauvoir
in Leseform
50 ml Fanny Ardant oder
Agnes Heller gemischt
für Altersglanz
200 ml Poesie bei Kerzenlicht
80 ml Große Frauenlexika
2 TL Trost der Philosophie
1 Prise Ärger
1 Prise Wut
1 Prise Selbstbehauptung
1 neues Paar Schuhe
Besuch beim Friseur

Alles in eine Schüssel geben und bei zauberhafter Musik gut verrühren. Ärger, Wut und Selbstbehauptung im Charme-Simmertopf erhitzen. Mit etwas Liebe und Humor süßen – und fertig ist die Menschenfrau!

Werbung einmal anders ...

Willkommen im Club der Unperfekten! Damit Sie und ich uns erst recht schlecht fühlen dürfen, wird unser Arbeitsweg zusätzlich überall mit perfekten Fotos von perfekten jungen Mädels, die sich selber auch auf den Plakaten bewundern, zu Hause vor dem Spiegel aber die Krise schieben, gepflastert. Nichts gegen Werbung, aber mal ganz ehrlich: Muss es immer eine perfekte Halbnackte sein? Was ist mit Euch Werbedeppen eigentlich los? Hat Euch Eure Kreativität verlassen? Dabei gibt es geniale Werbung. So warb ausgerechnet die Firma Viagra mit dem Schiefen Turm von Pisa, neu, selbstverständlich, grad und aufrecht mit dem Header: „Wir stellen Ihre Welt wieder auf". Auf Englisch klang es noch lustiger: *„We erect the world"*. Die Shampoo-Firma Timotei zeigte vor Jahren, was kreative Werbung auch sein kann: Statt einer Blondine mit wehendem Haar bildete Timotei einen Löwen mit gefönter Haarpracht ab. Richtig zum Brüllen war diese Löwenmähne! Es gibt unzählige Möglichkeiten, mit etwas Kreativität unglaublich gute Werbung zu machen.

Besserwisser

Wie wär's mit einem Einkaufs-Streik?

80 Prozent aller Produkte werden von Frauen gekauft. Würden all diese Frauen bei sexistischer Werbung den Kauf verweigern, die Plakate sähen von einem Tag auf den nächsten anders aus ...

Lieber-ich-als-perfekt-Aktion

Mein Klischeefrei-Pass

Was ich nicht mehr sage, denke oder glaube: Raus-kopieren und Muttern sowie Freunden geben.

- ☐ Frauen sind so
- ☐ Männer sind so
- ☐ Menopause
- ☐ PMS
- ☐ Frauen sind zickig
- ☐ Alles ist Wettbewerb
- Mein Körper – mein Kapital
- ☐ Blonds have more fun
- ☐ Böse Alte
- ☐ Mutti Merkel (sie ist ja gar keine)
- ☐ Männer denken an Sex, Frauen an Schuhe
- ☐ Frauen haben ein kleineres Gehirn
- ☐ Männer haben immer den Größeren
- ☐ Chef-Gen
- ☐ Opfer-Gen
- ☐ Sozial-Gen
- ☐ Rassismus-Gen
- ☐ Biologische Uhr
- ☐ Natürliche Bösartigkeit
- ☐ Liebesfähigkeit
- ☐ Bienenkönigin
- ☐ Arrogante Frauen
- ☐ Machos
- ☐ Vertrocknete Feministinnen
- ☐ Junge Hühner
- ☐ Blöde Kühe
- ☐ Schlampen
- ☐ Natürliche Auslese
- ☐ Vorherrschaft des Mannes
- ☐ Mutter-Gen
- ☐ Vater-Gen
- ☐ Sex-Gen
- ☐ Hormonprobleme
- ☐ Diäten
- ☐ Geiz ist geil

Das passt mir:

Lustige Frauen, Porträts von Frauen, die was tun und nicht nur danach aussehen, Männer, die von ihren Mütter schwärmen, Frauen, die von ihren Müttern schwärmen, Serien über Philosophinnen, Künstlerinnen, Autorinnen, Wohltäterinnen. Was würde Ihnen gefallen und schmecken, wenn es um eine vielfältigere und farbigere Welt geht?

Tipp

Kleine Lieber-ich-als-perfekt-Manufaktur

Das All-You-Can-Be-Lieber-ich-als-perfekt-Set (Buch, Kärtchen, Youtube-Video, Weiterbildungskurse, Seminare, öffentliche Vorträge, T-Shirts) können Sie bestellen unter www.lieberichalsperfekt.com oder www.regulastaempfli.eu. Und für WiederholungstäterInnen gibt's das All-You-Can-Be-Lieber-ich-als-perfekt-Set mit einem anderen Buch aus der Sammlung der Autorin.

Lieber ich
als mein
Spiegel(bild).

3.

Spiegel-Smileys sollte man haben, nicht wahr? Morgens in den Spiegel zu schauen, kann auf den Magen schlagen. „Frau, musst du mich so verknittert angucken?" raunzt auch mein Spiegel mir manchmal sehr unfreundlich entgegen. Eben. Spiegel-Smileys sollte man haben. Die sind trendig, machen gute Laune. Wenn wir die Smileys dann noch auf die gängigen Menschenbilder setzen ... super! Also dann los!

Spieglein, Spieglein an der Wand ...

Er gehört zu den ältesten Gebrauchsgegenständen der Welt. Kein anderes Ding vermag die Menschen so sehr zu beschäftigen wie dieses Gebilde aus unterschiedlichsten Materialien, aber mit immer demselben Zweck: der Spiegel. Zunächst war es das Wasser, das den Menschen eine Art Spiegel darbot. Auch das Spiel von Licht und Schatten in den Höhlen der Urzeitbewohner konnte „Spiegelbilder" erzeugen. Doch lange Zeit mussten sich die Menschen mit Wasser und Schatten begnügen, wenn sie erahnen wollten, wie sie denn „wirklich" aussahen. Sie spiegelten sich immer nur in den Augen anderer, was eine ganz andere Erfahrung der Welt bedeutet, als wir dies kennen. Ein Leben ohne Spiegel – stellen Sie sich das einmal vor! Die ältesten Spiegel, die wir kennen, stammen aus Ägypten. Schließlich benutzten die Ägypterinnen auch als Erste Make-up, das übrigens die Priester herstellten. Denn die Farben um die Augen waren ein Zeichen des Sonnengottes, der oft nur durch ein Auge („Horusauge") symbolisiert wurde. Erst viele, viele Jahrhunderte später wurden Spiegel in großer Zahl aus Metall geformt, Kupfer und Bronze so poliert, bis man sich auf der glänzenden Oberfläche erkennen konnte.

Der böse Spiegel

Wir leben in einer Welt, die sich gerne in Gut und Böse, in Richtig und Falsch oder in Schwarz und Weiß aufteilt. Das gilt insbesondere, wenn wir in den Spiegel gucken. Da meinen wir doch tatsächlich, wir sähen genauso aus, wie das Bild, das uns aus dem Spiegel entgegenblickt. Wir vergessen, dass nicht das Bild, sondern unsere Befindlichkeit und unsere Umgebung das, was wir sehen, beeinflussen. „Kontext" ist hier – wie fast überall – das Zauberwort. Weshalb sehen wir an manchen Tagen aus wie unsere ungeliebte Tante? Dies könnte daran liegen, dass die Distanz zum Spiegel viel zu kurz ist. Ein anderer Grund könnte sein, dass wir uns eh schon schlecht fühlten und nun wie die Maus vor der Schlange in den Spiegel starren. Während dieses ganzen Dramas fällt womöglich auch noch das Licht von oben und wirft Schatten auf unser Gesicht, die wir dort ganz sicher nicht haben wollen. Sie kennen diesen Horror-Effekt sicher aus Umkleidekabinen. Da sind Sie fröhlich aus dem Haus getanzt und finden sich wieder in einem mit Neonröhren ausgeleuchteten engen Raum. In dem Moment wäre sogar Marianne Sägebrecht tausendmal schlanker als Sie, ich schwör's Ihnen! Jede Delle ist bei Neonlicht sichtbar, und selbst die zarteste Sommerbräune verwandelt sich unter solchem Licht in eine kränklich blasse Hautfarbe. Fluchtartig verlassen Sie die Kabine und den Laden, ohne etwas gekauft zu haben.

Spiegel sind die subjektivsten Dinge, die es auf der Welt gibt. Die lügen immer und zwar wie gespiegelt … Meine Lieblinge sind die Spiegel in den Aufzügen.

Der größte Stress bei meiner Arbeit im Europäischen Parlament beispielsweise war die Fahrstuhlfahrt zum Büro. Ich wusste, wenn ich die überlebte (ich war damals knapp 27 Jahre alt), würde ich alles überstehen …

Am Anfang war die Kamera

Louis-Jacques Mandé Daguerre gilt als Begründer der modernen Fotografie. Licht und Schatten wurden technisch so verbunden, dass die ersten Bildergebnisse noch „Heliographien", also „Sonnenzeichnungen", genannt wurden. Das Problem der ersten Bilder bestand darin, sie dauerhaft zu fixieren. Bilder sollten schnell und preiswert zu machen sein und dem an Wahrhaftigkeit orientierten Geist der Zeit entsprechen. Sehr bald kamen zu den zahlreichen Naturbildern die weiblichen Akte ins fotografische Bild. 1854 fassten zwei Männer (Eugène Durieu und Eugène Delacroix) Erotik, Unschuld, Reiz, Gezeigtes und Verborgenes in einen Rückenakt. Die Bild-Pornografie war damit erfunden. Auch die Vermessung des Menschen fand mit der Fotografie ihren Beginn: 1856 zeigte Dr. Duchenne de Boulogne die „Contractions musculaires". An diesen Beispielen erkennen wir, wie die Spiegelung des Menschen in ein Bild nicht einfach nur ein Ab-Bild ist, sondern eine eigene Wirklichkeit konstruiert. Menschen und Bilder stecken unweigerlich zusammen. Je nachdem was man sieht, macht das den Menschen auch aus. Die Frage, die sich seit der Erfindung der Fotografie stellt, ist deshalb: Macht der Mensch das Bild, oder könnte es nicht auch umgekehrt sein?

Besserwisser

Die Camera Obscura

1826 gelang es dem Franzosen Joseph Nicéphore Nièpce, im Lichtverfahren die erste bekannte und bis heute erhaltene Fotografie zu erzeugen. 1839 begann mit Louis Daguerre das fotografische Zeitalter.

Der unerbittliche Kamerablick

Die realen Spiegel stellen uns vor die große Herausforderung, nicht einem Perfektionswahn zu verfallen. Die imaginären Spiegel, die Reflexionen namens „Medien" bieten aber eine noch größere Herausforderung. Medien jeder Art spiegeln uns so viele Bilder und Werte, die wir Menschen als Orientierung benützen und sie zu erreichen versuchen. Das ergibt oft einen Soll-Haben-Ausgleich, der dann wiederum flüstert: „Du genügst einfach nie!" Die hohen Auflösungen von Bildern führen dazu, dass Menschen nicht mehr als Einheit wiedergegeben, sondern regelrecht in Körperteile „zerpixelt" werden. Wir erleben durch die Medien die regelrechte Auflösung des Menschen in kleine Bild-Puzzleteile. Die Kamera fährt unerbittlich in die geheimsten Stellen des Menschen und legt sie bloß. Kein Wunder, reden Frauen dann plötzlich von „Problemzonen", weil der Kamerablick direkt auf diese gerichtet ist.

Dem Bildausschnitt ist egal, ob Sie grad glücklich Ihr Baby gestillt oder ein feines Abendessen für die ganze Familie zubereitet haben und Sie friedlich in sich und Ihrer Umgebung ruhen. Knipst irgendwo ein Fotoapparat, kann es durchaus

Besserwisser

Das Ganze ist immer mehr

als die Summe seiner Teile. Der menschliche Körper löst sich regelrecht in Pixel auf. Details werden wichtiger als das Gesamtbild. Damit verliert sich das Gefühl des Ichs manchmal auch in Details und findet sich nicht mehr in einem All-Eins-Sein.

sein, dass Ihre Oberarme im ungünstigen Licht genauso aussehen, wie jedes Trashheftchen sie brutal ablichtet – und was passiert? Sie sehen das Foto, und weg ist Ihr wohliges Gefühl, mit Menschen zusammenzusein.

Das perfekte Folterinstrument

„Spieglein, Spieglein an der Wand, wer ist die Schönste im ganzen Land?" Mit dieser Frage an ihren Spiegel verrät die böse Königin im Märchen *Schneewittchen* ihren Perfektionswahn und ihre narzisstische Störung. Sie muss überall die Beste, die Schönste, die Größte im ganzen Land sein. Seit Jahren stellt sie immer dieselbe Frage, nur um sich ihrer vollkommenen und oberflächlichen Schönheit zu versichern. „Wer ist die Schönste?", und wenn der Spiegel antwortet: „Ihr seid die Schönste hier", ist der Tag gerettet, und sie braucht keine jungen Mädchen um die Ecke zu bringen. Mal ganz ehrlich: Machen wir dies nicht auch an einigen Tagen mit uns selber, wenn wir vor dem Spiegel stehen? Vielleicht fragen wir den Spiegel nicht gerade: „Wer ist die Schönste hier?", sondern: „Bin ich perfekt?", „Kann ich so ausgehen?". Und während wir uns anschauen, sehen wir alle Unperfektheiten und werden fast so wütend wie die Königin. Haben Sie schon mal einen Mann beobachtet, wie er morgens in den Badezimmerspiegel schaut? Er schaut sich an und meint: „Passt schon." Ihm würde nie in den Sinn kommen, dem Spiegel die Macht zu geben, seine Tagesform zu bestimmen. Er würde dem Spiegel nie so viel Autorität über seine Gefühle einräumen. Denn für Männer ist der Spiegel

ein Gebrauchsgegenstand. Für Frauen indessen ein Folterinstrument, weil er sie ständig daran erinnert, dass sie unperfekt sind. Und glauben Sie mir: Selbst Gisèle Bündchen schaut nicht jeden Tag gerne in den Spiegel …

Besserwisser

Spiegelkabinett

Die Erfindung großflächiger Spiegel, die Weiterentwicklung von Fotografie und Film ermöglichten uns die ständige Selbst-Schau und brachten eine permanente Visualisierung des menschlichen Körpers.

Sehen, sehen, nur nicht fühlen

„Ich sehe mich, also bin ich", so könnte man die Foto-Obsessionen der heutigen Zeit zusammenfassen. Ich habe junge Studentinnen, die verbringen viele Stunden damit, Selfies zu schießen. Sie brauchen dies als Bestätigung, dass es sie noch gibt und dass es gut ist, dass es sie gibt. Oft sind es aber auch Bilder, um sich daran zu erinnern, wie schön sie an dem Tag waren. Wie schön und mit wem, in welcher Kleidung und Pose. Viele junge Frauen sind in ihrem Körpergefühl zutiefst verunsichert und sehen sich nicht so, wie sie sich fühlen. Manchmal ist dies so, weil sie gar nicht wissen, was sie und wie sie fühlen sollen, schließlich muss man ja heutzutage immer supercool drauf sein. Manchmal entwickelt sich die Lust am Selfie aber zur regelrechten Obsession. Die Mädchen schauen in den Spiegel, auf ein Foto von sich selber

und sehen etwas völlig krankhaft anderes. „Dysmorphia" nennt man die Krankheit, die ein völlig verzerrtes Körperbild produziert. Wir kennen dies aus der Geschichte der magersüchtigen Mädchen. Die können mit ihren 35 Kilos in den Spiegel schauen und fühlen sich immer noch zu dick. Die Distanz zwischen Fühlen und Sehen ist durch die Häufigkeit der öffentlichen und privaten Spiegelungen größer geworden. Manchmal steht das Sehen dem Fühlen richtiggehend im Weg. Je klarer wir zu sehen meinen, umso unklarer wird, was wir eigentlich sehen.

Seh-krank vor dem Spiegel?

Als Kind war ich ein klassisches Auto-Brechmädel. Der alte Opel meines Vaters musste mehrfach gereinigt werden, weil mir während der Fahrt zu meiner Oma immer wieder schlecht wurde. Arme Eltern! Doch wenn sie gewusst hätten, dass das kleine Mädchen anschließend stundenlang Recherche betrieb, weshalb es beim Autofahren (was eigentlich ein Spaß für es war) so viel Unwohlsein empfand, wären sie stolz gewesen. Das Erbrechen bei Fahrten ist eine klassische Bewegungskrankeit, deshalb reden die Mediziner auch von „Kinetose", abgeleitet vom altgriechischen *kinein,* „bewegen". Spannend an der See- oder Reisekrankheit ist, dass sie von einer Störung zwischen Sehen und Bewegen herrührt. Die Informationen der Sinnesorgane (Augen, Gleichge-

wicht im Innenohr) ergeben widersprüchliche Signale. Dieser Streit zwischen Sehen und Fühlen löst dann die Symptome wie Erbrechen aus, da der Körper meint: „Achtung, Gefahr! Hier stimmt was nicht!" Beim Nachdenken über die Essstörungen vieler Frauen kam mir die Idee, dass wir Frauen aufgrund der vielen Bilder und Spiegel von weiblichen Körpern beginnen, regelrecht seekrank, ja „sehkrank" zu werden. Unser Gleichgewichtssinn wird durch das Anschauen ganz dünner Models beträchtlich aus der Balance gebracht. Kein Wunder, ist es uns in unserem Körper oft regelrecht zum Kotzen zumute. Deshalb wäre es entscheidend, unser inneres Selbstwertgefühl so zu stabilisieren, dass wir uns von all den künstlich hergestellten und mit technischen Hilfsmitteln „geschönten" Bildern nicht krankmachen lassen. Spannend, nicht?

Lieber-ich-als-perfekt-Aktion

Guck doch mal! Spiegel- und Selbstbilder

Bitte füllen Sie die folgenden Seiten aus.

Kleben Sie ein Lieblingsbild von sich hier rein (es darf ruhig eines sein, auf dem Sie erst drei Kilo gewogen haben).

Kleben Sie hier ein Bild ein, wie Sie gerne aussehen möchten (das darf ruhig auch ein Fotomodell sein).

Kleben Sie hier ein Bild von irgendetwas ein, das Sie besonders schön finden.

Bilder sind für mich:

- ☐ Orientierung
- ☐ Denkanstoß
- ☐ nachahmenswert
- ☐ spannend
- ☐ störend
- ☐ erfrischend

Schreiben Sie hier einen Satz, ein Zitat, eine Stelle aus einem Buch hinein, etwas, das für Sie „Abbild, Spiegelbild, Reflexion“ auf den Punkt bringt.

Wenn Männer sich im Spiegel angucken, schauen sie nur auf ihre schönen Seiten. Wenn Frauen sich im Spiegel angucken, dann sehen sie nur die schlechten.

LaStaempfli

Lieber ich als ein Spiegel

Die Werbung für Schönheitsoperationen durch *Vorher-Nachher-Shows* macht uns vor, dass *wer möchte, eigentlich alles kann.* Das ist die Krux an der Geschichte, deshalb ist es so schwer, man selbst zu sein, statt perfekt! Denn „perfekt" wird einem als durchaus im Bereich des Möglichen liegend vorgegaukelt. Die Idee, den eigenen Körper nicht durch Kleidung, sondern durch Hungern, Sport und Operationen völlig neu zu formen, scheint viel einfacher, als sich selber so zu erkennen, wie man vielleicht sein möchte. Statt sich zu überlegen: „Wer bin ich?", stellen sich viele Menschen nur noch die Frage: „Wie kann ich möglichst perfekt in diese Gesellschaft passen?" Dies ist alles andere als leicht.

Ein erster Schritt zur Genesung hin zum Ich und weg von selbst und fremd gebastelten Idealbildern besteht deshalb nicht zuletzt darin, möglichst wenig in den Spiegel zu schauen. Dies kann auch bedeuten, den Spiegel der Werbung einfach zu ignorieren und nur die Abbildungen anzunehmen, die ICH sehen will. Als ich einmal in einer Krise steckte bezüglich meinem Bild, das mir aus dem Spiegel entgegenblickte, dazu kamen die regelmäßigen Journalistenanfragen, die mir das Gefühl gaben, in puncto Aussehen eh nie den gestellten Anforderungen zu entsprechen – dabei hatte ich gerade ein bahnbrechendes philosophisches Werk publiziert –, riet mir mein Liebhaber, nein, er **befahl** mir ein neues Spiegeltraining. Eine ganze Woche lang durfte ich nach dem Spiegelblick nur noch Positives über mein Aussehen sagen. Eine Woche lang durfte ich keinen einzigen abwertenden Satz äußern, wie: „Meine Augen sehen müde aus" oder: „Echt, meine Haare sind dermaßen strohig" oder: „Machen diese Ohrringe meine Ohren abstehend?" etc. … Das war hart. Aber es wirkte. Denn nach einer Woche ständig positiver Rückmeldungen angesichts meines Spiegelbilds hatte ich schon fast verlernt, mich selber mit meinem Perfektionswahn fertigzumachen. Von da an wusste ich: Wenn Spiegel, dann nur ein „Ja", statt eines „Ja, aber" oder „Nein, wie furchtbar!"

Rezept

Für den liebevollen Umgang mit dem eigenen Bild

12 EL körperliches Wohlgefühl und 4 TL Humor verrühren und auf großer Flamme unter Beifügen von Selbstbewusstsein aufkochen.
Vom Herd nehmen. 6 EL Topmodel-Bilder, 1 TL Philosophie, 2 TL Kritik und etwas Wissen unterrühren.
Unter Rühren auf kleiner Flamme jeden Tag aufköcheln, bis das Selbstbild anfängt, farbig, erfreulich, neugierig, lebensbejahend, leicht, tänzelnd, selbstsicher, denkend, klug, mitfühlig, weich, beweglich zu sein. Jeden Tag frisch verändern.

Der Mensch, der stets in den Spiegel schaut, sucht wohl nach einem besseren inneren Bild.

LaStaempfli

Philosophische Spiegel

Die Wurzeln der Spiegelgeschichten liegen in der Geschichte des Abbildes, der Reflexion oder des Bildes vom Menschen und der Welt. Bereits der griechische Philosoph Platon sprach von der Bedeutung all dessen, was die Menschen sehen wollen und wie sie dieses Bild dann auch interpretieren. Auch die griechischen Mythen setzen sich mit dem, was Bilder in uns anrichten können, auseinander, wie zum Beispiel der Mythos von Narziss und Echo.

Überall nur Spiegel

Der Spiegel tummelt sich also gleichermaßen in unseren Schlafzimmern wie auch in der Philosophie, Psychologie und sogar in der Politik. Es mag kein Zufall sein, dass der deutsche Spiegel „Spiegel" heißt und das Boulevardblatt Bild eben „Bild" und nicht „Wort". Aus dem Bild im Spiegel kann dann alles werden: Bildung, Abbild, Verbildung, verbildet, eingebildet, ausgebildet …

Der Spiegel gibt ein Bild wieder. An diesem Bild hängen dann auch unzählige Geschichten. Doch in erster Linie gehört es zum Menschen, sich im anderen zu spiegeln oder andere in sich selber wiederzugeben, abzubilden, zu reflektieren. Es gibt unzählige Spiegel-Geschichten und Spiegel-Metaphern. Bei Harry Potter zeigt der Spiegel der Erinnerung nicht das Antlitz, sondern gibt das „was das Herz begehrt" wieder. Hier erkennen wir wiederum die hohe metaphysische Bedeutung dieses glänzenden Abbilds. Ab und an durchfährt es mich wie ein Blitz: Vielleicht ist das, was ich im Spiegel seh, ganz anders als das, was andere in meinem Spiegel sehen – verrückt, nicht?

Besserwisser

Ein Spiegel ist ein Spiegel ist ein Spiegel

Da sage noch eine, der Badezimmerspiegel sei doch ein ganz banaler Haushaltsgegenstand ... Dabei stecken in den unterschiedlichsten Spiegelgeschichten viele Wahrheiten über Haben oder Sein.

Ein (Spiegel-) Bild sagt mehr als tausend Worte

heißt es. Sicher? Ein Bild allein kann nicht sprechen. Dies tut entweder die Bildbetrachterin oder der Begleittext zum Bild. Die fehlenden Worte werden durch Dritte und deren kulturellen Kontext beigefügt. Nehmen wir ein Beispiel aus der Welt der Stars: Wir sehen ein Bild von der neuen Fürstin von Monaco, und sie sieht darauf eher nachdenklich, ernst oder selbstbewusst aus. Kurz: Sie lächelt nicht. Der Text daneben titelt: „Angst um ihr Baby?". Dasselbe Bild kann aber von einer anderen Zeitschrift auch so untertitelt werden: „Charlène – stark in ihrer neuen Rolle als Mutter." Hier machen die Worte das Bild. Sie fügen es in einen Rahmen. Worte gestalten das Sehen sehr stark mit. Deshalb aufgepasst, wenn Sie meinen: Die Bilder bestimmten die ganze Welt. Die ganze Angelegenheit ist tatsächlich etwas komplizierter, als dies Begriffe wie „Bilderflut" beschreiben können.
Es ist immer das Zusammenspiel von Kontext, Wort und Bild, das „Wirklichkeit" abbildet. Denkend schauen ist wohl der einzige Weg aus dem Paradox, etwas zu sehen, aber etwas ganz anderes zu interpretieren.

Ohne (Such-) Worte finden Sie keine Google-Bilder.

La Staempfli

Der Spiegel als Welterfahrung

Im Gegensatz zum Menschen lässt die meisten Tiere ihr Spiegelbild gleichgültig. Wir haben noch nie beobachtet, dass sich eine unserer Katzen stundenlang vor dem Spiegel hin und her räkelt. Nun taucht der Spiegel bei den Menschen an vielen Orten auf.
Wir könnten von den Medien beispielsweise als den „sozialen Spiegeln" sprechen, die uns unter anderem abbilden können, welchen Bildern wir entsprechen müssen, um „dazuzugehören."

Das Spiegelbild sind die anderen

Sich eine Welt ohne Spiegel vorzustellen, ist wie das große Nichts. Menschen spiegeln sich als Einstellung zur Welt und zum anderen. Sie schauen und werden geschaut. Sie sehen und werden gesehen. Müssten Sie Metaphysik in ein Element pressen – mit dem Spiegel wären Sie gut bedient! Denn der Spiegel symbolisiert das soziale Wesen Mensch. Es geht immer darum, sich selber und andere zu spiegeln. Der Philosoph Jean-Paul Sartre sagte einmal: „Die Hölle, das sind die anderen." Ich würde im Gegensatz zu Sartre behaupten, dass nur der die Hölle in den anderen erkennt, der die Hölle auch in sich trägt. Ebenso, dass das Erkennen der Schönheit in den anderen zunächst das Erkennen des eigenen Werts und der eigenen Schönheit voraussetzt. Sie sehen:
Wie wir uns spiegeln und was wir im Spiegel erkennen, sagt viel über die Welt und uns selber aus.

Tipp

Spiegelmedizin zum Frühstück

Macht man sich bewusst, dass einem die anderen Menschen in vielen Situationen nur die eigene Unsicherheit widerspiegeln, kann man viel einfacher loslassen, indem man nur das annimmt, was man annehmen will und die Unsicherheit beim Gegenüber belässt. Ich löse beispielsweise bei vielen Frauen ein Gefühl von Neid aus. Beneiden kann man jedoch an anderen Menschen nur, was man auch in sich trägt. Beispielsweise meine Größe. Frauen, die mich um meine langen Beine beneiden, haben ganz bestimmt selber auch ein körperliches Merkmal, das sie von anderen Menschen unterscheidet. Frauen, die mich um meine Bücher beneiden, sind sicher selber gut im Schreiben, oder aber sie können besser reden, gestehen sich dies aber nie ein. Also: Sich bewusst in anderen zu spiegeln und zu unterscheiden, was bei mir bleiben soll und was zum anderen gehört, ist sehr entspannend und fördert das Gespräch mit sich selber und mit anderen.

Tödliches Abbild: Narziss

Nur wenige erkannten sofort, weshalb sich der wunderschöne Jüngling in den Teich gestürzt hatte, um darin kläglich zu ertrinken. Erst der römische Dichter Ovid erklärt uns dieses Verbrechen in *Narziss und Echo*. Der schönste aller Jünglinge, Sohn des Flussgottes Kephisos, wurde von allen Männern und Frauen begehrt, allein er hatte kein Herz für niemanden. Erst als er sein eigenes Bild im Spiegel des Wassers sah, entbrannte er in nie gekannter Lust und Liebe – und zwar zu sich selbst! Wochenlang lag er am Ufer, schmachtend vor Leidenschaft für sein identisches Gegenüber. Er konnte nicht aufhören, sich anzuhimmeln und starb dann mit den Worten: „Ach, hoffnungslos geliebter Knabe". So schloss „der Tod die Augen, welche die Schönheit ihres Eigentümers bewunderten." Der Jüngling hatte sich in sein Spiegelbild verliebt und musste letztlich elendiglich an sich selber enden. Narziss hatte sich selber ertränkt, weil er nur noch sich selbst sah. Sogar in der Unterwelt hörte der Unbelehrbare und Perfekte nicht auf, sich im Styx zu bewundern – Wahnsinn, nicht?

Das Glück wohnt nicht im Spiegelbild, sondern ist in der Seele zu Hause.

LaStaempfli

Hallo, Doc!

Narzissmus ist mittlerweile ein Massenphänomen geworden und gehört zur Moderne wie Starbucks zur globalisierten Kaffeekultur. Er wird mindestens ebenso oft diskutiert, beschrieben und bestsellermäßig aufgelegt wie Latte Macchiato im globalen McCoffee bestellt wird. Moderne Narzissten sind „cool", was sie in ihrer Wirkung als Idole für die Jugend so verheerend macht. Da die Coolness aber nur Show ist, muss sie immer wieder bestätigt werden. Die Medien eignen sich dazu vorzüglich, und so versammeln sich in den dazugehörigen Berufen viele narzisstische Archetypen. Die Selbstverliebtheit, die fehlende Einfühlung in das Gegenüber, die Verachtung und Geringschätzung aller Menschen außer sich selber sowie das unerbittliche Festhalten an gewissen inneren Einstellungen finden gerne und oft vor laufender Kamera statt. Doch jedesmal, wenn ich so einen Star performen sehe, kriege ich eine Gänsehaut. Nicht vor fast körperlicher Ergriffenheit, sondern aus Mitgefühl, gemischt mit einem Grauen, weil ich die seelischen Schmerzen hinter derartigen Verhaltensweisen gut erspüren kann. Als mit Temperament gesegneter Wissenschaftlerin passiert es mir häufig, dass mich vor allem Journalisten etwas süffisant fragen: „Weshalb regen Sie sich so auf?", worauf ich mit einem lauten Lachen antworte: „Sie meinen, ich rege mich auf? Ich hab' noch gar nicht angefangen, mich zu ärgern, zu wehren oder gar laut zu werden! Sie sollten mich mal wirklich genervt erleben, falls Sie das überleben würden ..." Coolness ist gesellschaftlich hoch anerkannt, dabei verhindert Coolness jeden Zugang zu sich selbst oder zu anderen. Ich werde nie verstehen, wie ausgerechnet Intellektuelle sich derart zynisch, distanziert und cool über ihre sozialen Experimente mit Menschen äußern können. Wer so auftritt, ist kein Mensch, der mit Haut und Haar denkt, handelt oder lebt. Und wenn ich ganz ehrlich bin – was tue ich? Ich versuche, mich so weit es geht von solchen Leuten fernzuhalten. Denn sie tun einem schlicht und einfach nicht gut.

„Der sehr narzisstische Mensch hat eine unsichtbare Mauer um sich erstellt. Er ist alles, die Welt ist nichts – oder vielmehr: Er ist die Welt." So sprach der Psychoanalytiker Erich Fromm, und mittlerweile füllt die Literatur zum Narzissmus ganze Bibliotheken. Der Narzisst sieht nur sich selbst. Er spiegelt nur sich selbst und hat kein Gehör für seine Mitmenschen. Sein Selbst ist kalt, distanziert und hält sich andere Menschen nur zum Zweck der eigenen Bewunderung. Mit großer Egozentrik verführen Narzissten gerne vor allem auch die weiblichen Massen und fördern damit die Nachahmung ihres für sich und andere zerstörerischen Benehmens. Erstaunlich dabei ist, dass Narzissten sich gleichzeitig klein, wertlos, unbeachtet ... und doch einzigartig, großartig und wunderbar fühlen können. Schenken Mitmenschen einem Narzissten Beachtung, werden sie diesen oft nicht mehr los, da der Narzisst das Gefühl, im Mittelpunkt zu stehen, dringend zum Überleben braucht. Als Bettgefährten sind Narzissten gut geeignet. Um geliebt zu werden, geben sie gerne ... dort findet man dann auch ganz viele weibliche Narzissten.

Vom Mut zum Verlassen des Perfektionsgefängnisses

Der Film *Matrix* von den Geschwistern Wachowski aus dem Jahr 1999 nimmt das Spiel von „Lieber ich als perfekt" in einer anderen Form auf: Es ist Zukunft. Die ganze Welt wird von Computern beherrscht. Diese nutzen die Menschen als bioelektrische Energie, wovon die Menschen aber keine Ahnung haben, da sie wie gebannt auf eine Welt schauen, die rein virtuell ist. Die Menschen meinen zu arbeiten, zu leben, zu lieben, dabei sind sie in Wahrheit nur Batterien für die Matrix, das Ungeheuer, das von ihnen lebt und sich von ihnen ernährt. Die Menschen werden in einer Illusion gehalten wie in einem Gefängnis. Sie erleben eine Umkehr dessen, was ist und dessen, was sie meinen, es sei. Das, was die Menschen „Realität" nennen, ist reine Projektion. Eine, die nur darauf trachtet, die Menschen auszubeuten. Nur die Menschen, die sich auf die Reise begeben, um ihre eigene Wirklichkeit auszuloten, können ihr Batteriedasein verlassen. Von dem Moment an, wo sich die Menschen nicht mehr damit zufrieden geben, den Normen der Gesellschaft zu genügen, also perfekt zu sein, werden sie unperfekt, aber damit auch frei. Welche Normen zwingen Sie dazu, nur noch Futter für die anderen zu sein, statt Ihre eigenen Bedürfnisse zu decken?

Wollen wir wirklich ans Licht?

Das Höhlengleichnis ist einer der bekanntesten Texte der antiken Philosophie. Es stammt von dem athenischen Philosophen Platon (427-347), dem Schüler des Sokrates, der bekanntlich nichts Schriftliches hinterlassen hat. Platons umfangreiches Werk inspiriert die moderne Philosophie immer wieder. In seiner *Politeia* („Der Staat") finden sich drei wichtige Gleichnisse: Das Sonnen- und das Höhlengleichnis sowie die Linien-Analogie. Das Höhlengleichnis ist das berühmteste und das weitaus verständlichste.

„Stell dir die Menschen vor in einem unterirdischen, höhlenartigen Raum, der gegen das Licht zu einen weiten Ausgang hat über die ganze Höhlenbreite; in dieser Höhle leben sie von Kindheit an, gefesselt

an Schenkeln und Nacken, sodass sie dort bleiben müssen und nur gegen vorwärts schauen, den Kopf aber wegen der Fesseln nicht herumdrehen können. Aus weiter Ferne leuchtet von oben her hinter ihrem Rücken das Licht des Feuers, zwischen diesem Licht und den Gefesselten führt ein Weg in die Höhle. Ihm entlang stelle dir eine niedrige Wand vor, ähnlich wie bei den Gauklern ein Verschlag vor den Zuschauern errichtet ist, über dem sie ihre Künste zeigen. (…) Diese Menschen gleichen uns. Denn sie sehen zunächst von sich und den anderen nichts außer Schatten, die von dem Feuer auf die gegenüberliegende Mauer geworfen werden. (…) Alles in allem: Diese Leute würden nichts anderes für wahr halten als die Schatten." (Zitiert nach der Reclam-Ausgabe, Platon, *Der Staat,* Übersetzung von Karl Vretska, 1982, S. 327)

Sie sehen: Was in der Psychologie die Spiegel sind, sind bei Platon die Schatten. Die Befreiung besteht darin, zu erkennen, wie sich die Spiegel oder die Schatten vom eigenen Handeln unterscheiden. Bei Platon bleiben die meisten Menschen in der Höhle, weil sie sich in ihrem Gefängnis und in ihrem Schattendasein häuslich eingerichtet haben. Fühlten sich die Menschen in ihrem Höhlendasein perfekt? Waren sie sie selber? Fragen über Fragen, die uns beim Thema „Spiegel und Schatten" die Wartezeit an einer Bushaltestelle durchaus verkürzen können, und die uns ablenken vom Werbeplakat der perfekten Bikinifrau, die unsere Aufmerksamkeit von der Philosophie weglenkt und hin zum Blick auf den Körper zwingt.

Besserwisser

Fühllose Nähe

Distanz ist keine körperliche Erfahrung mehr. Der Raum wird durch die modernen Kommunikationsmittel aufgelöst. Wir können das Tausende von Kilometern entfernte Gegenüber sehen, aber nicht spüren.

Was haben andere vor uns zu Spiegeln zu sagen gewusst?

Ich habe alle meine Spiegel abgeschafft, weil sie die Frechheit haben, mein Gesicht, das doch einzig in seiner Art ist, zu verdoppeln.

(Johann Nestroy, zauberhafter Dramatiker, Schauspieler und Bühnenautor, gest. 1862)

Ein Spiegel ist besser als eine Reihe Ahnenbilder.

(Wolfgang Menzel, deutscher Publizist, gest. 1873

Der Spiegel ist der Beichtvater, der den Mund hält.

(Germaine de Staël, hochgebildete französische Schriftstellerin, gest. 1817)

Dass der Mensch, der doch die Wahrheit so flieht, den Spiegel erfunden hat, ist die größte historische Merkwürdigkeit.

(Christian Friedrich Hebbel, deutscher Dramatiker, gest. 1863)

Wenn eine Frau sehr oft in den Spiegel schaut, ist es vielleicht nicht Eitelkeit, sondern Tapferkeit.

(Mark Twain, US-Schriftsteller, gest. 1910)

Nicht der äußere Mensch, sondern der innere hat Spiegel nötig. Man kann sich nicht anders sehen als im Auge eines fremden Sehers.

(Jean Paul, deutscher Dichter und Erzieher, gest. 1825)

Wir erschrecken über unsere eigenen Sünden, wenn wir sie an anderen erblicken.

(Johann Wolfgang von Goethe, gest. 1832)

Lieber-ich-als-perfekt-Aktion

Was seh' ich denn so?

Wenn ich so darüber nachdenke, dann möchte ich einfach mal vier Wochen mit meinem Spiegelbild versöhnt sein, weil ich mich zwischendurch nicht so wirklich sehen mag. Ich ändere nun meinen Blick, weil

1. ich mich wohlfühlen möchte.
2. mein Lächeln echt der Hammer ist.
3. ich Freude an meinen schönen Haaren habe.
4. ……………………………………
5. ……………………………………
6. ……………………………………
7. ……………………………………
8. ……………………………………
9. ……………………………………
10. ……………………………………
11. ……………………………………
12. ……………………………………
13. ……………………………………
14. ……………………………………
15. ……………………………………
16. ……………………………………

In den Medien ersetzt das Charisma der Waage oft den IQ.

LaStaempfli

Lieber ich
als Gewohn-
heit ...

4.

Erinnern Sie sich noch an Ihr erstes Mal? An dieses Aha-Erlebnis, wenn Sie was ganz Neues denken? So ging es auch Archimedes in der Badewanne. Seine Quietscheentchen schwammen nämlich obenauf. „Heureka = Ich hab´s gefunden!“ rief Archimedes entzückt und prägte damit die folgenden 2500 Jahre Physik. Zufälle, Ungewohntes, Nicht-Planbares sind wichtig im Leben. Möchten Sie auch aus alten Denkmustern und Gewohnheiten ausbrechen, sodass Sie Sie selbst sind? Neugierig? Dann sag’ ich nur: „Heureka!“

Denken macht schön

Wussten Sie, dass unser Gehirn eigentlich der beste Zucker- und Fettverbrenner ist? Allein dies wäre schon Argument genug dafür, dass Denken schön macht. Es gibt aber noch tausend andere Gründe, weshalb vor allem kreatives Denken in ungewohnten Bahnen unser Leben bereichert. Neu denken, quer denken, bewusst denken, verschwurbelt denken, lustig denken bringt jedem Menschen mehr Jahre, aber vor allem auch mehr Jahre ins Leben. Es gibt doch Berufe, bei denen kann man mit dem Alter nur besser werden. Und wissen Sie, was diese auszeichnet? Richtig! Es sind all die Tätigkeiten, die den

Kopf brauchen. Schriftsteller werden mit dem Alter besser – na ja, Ausnahmen wie Günter Grass bestätigen hier die Regel. Psychoanalytikerinnen werden mit dem Alter immer besser, Philosophinnen ebenso. Haben Sie schon die große alte Dame Agnes Heller, eine zauberhafte Philosophin, lachen sehen? Dann wissen Sie sofort und ja: Denken macht schön!

Denken ist frei!

William Shakespeare, Der Sturm

Perfektes Denken – starres Denken

Wer immer genau über eine Sache Bescheid weiß, kann innerlich erstarren. Da Menschen dazu neigen, neue Informationen nur dann aufzunehmen, wenn sie mit den schon vorhandenen kompatibel sind, verpassen sie viele nützliche, fröhliche, lustige, lebensbejahende Neuigkeiten und Erfahrungen. Wer genau weiß, wie ein perfekter Tagesablauf aussehen muss, verliert sich so sehr in seinem Korsett, dass er nicht mal mehr links oder rechts sieht, beispielsweise, dass es der Partnerin unendlich schlecht geht und er sich schon längst hätte um sie kümmern sollen. Unsicheren Menschen geben strikte Anweisungen Halt. Sie können sich so an einem Programm orientieren. Perfekt strukturierte Menschen verzichten auf neue Informationen. Gewohnheiten von Ordnung, Disziplin, Schlanksein wirken wie kleine Süchte. Wir können ohne sie nicht mehr leben. Denken Sie daran, wenn Sie das nächste Mal wieder perfekt Ihre To-do-Liste abarbeiten – vielleicht sind Sie einfach nur ein To-do-Junkie, der definitiv ein Detox braucht.

Man denkt an das, was man verließ, was man gewohnt war, bleibt ein Paradies.

Johann Wolfgang von Goethe

Zuerst das Verhalten ändern, dann die Einstellung

In einer kürzlich publizierten Studie zu Werthaltungen und Überzeugungen stellten die Forscher zu ihrer Verblüffung fest, dass man selbst wenn man weiß, dass es sich um eine Lüge handelt, lieber an der falschen Wahrheit festhält, statt seine anfängliche Meinung über irgendetwas zu ändern. Nichts ist so hartnäckig wie lieb gewonnene Überzeugungen. „Ich date nie einen Deutschen“, oder „Abends esse ich nie Kohlenhydrate“, „Milch kommt auf keinen Fall auf meinen Tisch“ und und und. Deshalb nützt es nichts, der Frau, die nie mit einem Deutschen ausgehen will, zu erklären, dass nicht alle deutschen Männer gleich seien und der barbarische Zivilisationsbruch nun auch schon über sieben Jahrzehnte hinter uns liege. Das Einzige, was die Frau zum Brechen mit ihrer Überzeugung führen könnte, wäre: Sie verliebt sich, ohne es vorher zu wissen, in einen Deutschen. Wir denken immer, wir müssten zuerst unsere Einstellungen ändern, um dann unser Verhalten verändern zu können. Eigentlich ist das Umgekehrte richtig: Wenn wir es schaffen, unser Verhalten zu ändern, ändert sich auch das Denken. Ich habe dies in Frankreich festgestellt. Französische Frauen reden, gestikulieren, halten sich ganz anders als deutsche Frauen. Nach 17 Jahren in einem frankophonen Umfeld habe ich die Gestik, die Ausstrahlung sowie meine Bewegungsweise bis zu einem gewissen Grad übernommen. Glauben Sie mir: Dieses Verhalten, das ich als sehr weiblich empfinde, hat auch meine Einstellung zur Weiblichkeit verändert, ebenso wie mein Selbstbewusstsein.

Rezept

Deliziöse Denk-Riegel

Zubereitungszeit: 20 Min.
Backen: 25 Min.

40 g Gedichte, 40 g Shakespeare, 40 g Johanna Schopenhauer, 80 g getrocknete, gehackte Briefe bekannter Menschen, 100 g Neugierde, 2 EL gequetschte Schulstunden, 120 g Zitate kluger Menschen, 1 Päckli Bach mit Mozart gemischt

Alle Zutaten (bis auf die Briefe, Zitate und das Päckli Bach/Mozart) inklusive Schulstunden in einer Schüssel mischen. Den Rest mit Lebenslust verrühren und wirken lassen. Alles nun zusammengeben und auf einem Backpapier rund ausstreichen. Im vorgeheizten Ofen bei 160° Umluft 25 Min. backen. Noch heiß in Riegel schneiden und auf einem Gitter auskühlen lassen. Die Riegel halten sich Jahrzehnte.

Neusprech im Denken vermeiden

George Orwell hat in seinem bahnbrechenden Roman *1984*, der eine beißende Kritik an jedem totalitären Regime darstellt, die künstlich veränderte Sprache in einem Regime als „Neusprech" bezeichnet. Er zeigte uns damit, wie eine Sprachpolitik das Bedeutungsspektrum ganzer Wörter und Zusammenhänge verändern und manipulieren kann. Orwell ließ die Diktatur so sprechen, dass sogar Gedankenverbrechen unmöglich gemacht werden sollten.
Durch das Fehlen von Worten oder adäquaten Begriffen für den Zustand einer Welt sollten Menschen gar nie mehr auf die Idee kommen, an Aufstand zu denken. Neusprech ist für mich als sprachbegeisterte Wissenschaftlerin alles andere als fremd. Haben Sie schon einmal über all die Begriffe nachgedacht, womit abstoßendes Verhalten und Widerwärtigkeiten schöngeredet werden? So nennt man Frauen, die

TO
SELL

ihren Körper für Geld anbieten, in Neusprech Sexarbeiterinnen, Call-Girls oder Escort-Girls. Das klingt nach Verruchtheit, Anstand und gesellschaftlich anerkanntem Beruf. So heißt auch ein „alter Sack, der sich junge Mädels zum Vögeln kauft" in den Medien plötzlich „Sugardaddy", putzig, nicht? Klingt nach Fürsorge, Familiensinn und Sweeties.
„Sugarbabes" heißen dann auch folgerichtig die jungen Frauen, die auf Basis der einfachen Formel „vorgebliche Liebe für Geldzuwendungen" ihren Lebensunterhalt bestreiten. Haben Nutten und Escort-Mädchen gesellschaftlich nicht den besten Ruf, so klingt das „Sugarbabe" einfach nach Lifestyle und reinem Gewissen. Erinnert überhaupt nicht daran, dass hier eventuell auch krude formuliert werden könnte: „Gammelfleisch sucht Frischfleisch".

Das Schönreden hässlicher Zusammenhänge hat vor allem bei Frauen Tradition – und es lohnt sich immer, mit dieser zu brechen.

Denken als Transformation

Überzeugungen lassen sich nicht ändern: Finden wir Cellulite nun einmal hässlich, dann nützt auch kein Rubens, um uns unsere Oberschenkel schönzumalen. Bilder kann man indessen transformieren. Die Oberschenkel können in sanftem Licht erscheinen oder mit einem erotischen Tuch bedeckt werden, sodass nicht mal der größte Bodyfaschist auf die Idee käme, hier irgendwas zu bemeckern.
„Transformation" ist das Schlüsselwort, wenn wir durch Denken schön werden wollen.

Cellulite ist die Wurzel aus spiegelverkehrten Frauenängsten multipliziert mit möglichen Männerfantasien.

C.C. Louis

Sehe ich beim Denken schon gut aus?

Bitte füllen Sie die folgenden Seiten aus.

Welche Denkmuster erkenne ich bei mir als Gewohnheit?

....

....

Beispiele ungewohnten Denkens sind für mich

....

....

An Neuem ausprobiert habe ich

....

....

Querdenken heißt für mich

....

....

Bewegliches Denken ist für mich:

☐ Energie ☐ Freude ☐ Zeitvertreib ☐ Einfach nur Qual ☐ Pflicht

Meine Lieblings-Denk-Orte im Bücherregal:

Philosophie .... cm	Gesundheit .... cm	Schönheit .... cm
Krimis .... cm	Literatur .... cm	Familie .... cm
Geschichte .... cm	Anderes .... cm	Kunst .... cm

Welches Denken tut mir gut, was ist eher melancholisches Grübeln?

Lieber-ich-als-perfekt-Aktion

Total stressen tut mich

....

....

....

Mich freut richtig, wenn

....

....

....

Denk-Entspannung heißt für mich

....

....

....

Wenn ich ungelöste Fragen habe, rufe ich an:

.... Tel.: ....

.... Tel.: ....

.... Tel.: ....

Wen würde ich zu einem Denk- und Leseabend einladen?

....

....

....

Frauen, die lesen, sind gefährlich und klug

Stefan Bollmann veröffentlichte unter diesem Titel 2010 ein wunderschönes Buch. Auf seinen Streifzügen durch die „Bildersäle der Museen" stieß er auf zahlreiche lesende Frauen der Vergangenheit. „Wer liest, dem fällt es leicht, mit Konventionen zu brechen", erzählt der zauberhafte Autor Bollmann. „Das macht lesende Frauen gefährlich, insbesondere in den Augen all derer – in der Regel Männer –, die der Illusion der vollständigen Berechenbarkeit der Welt nachjagen. Aber auch im Hinblick auf höhere Instanzen, die uns vor-

schreiben wollen, wie wir zu leben haben."
Sich statt dem Körper dem Lesen und Denken zuzuwenden, hat schon vielen Frauen das eigene Leben gerettet. Denn mal ganz ehrlich: Wer liest, ist bei sich. Man taucht ein in fremde Welten, und als Frau ist man nicht mehr nur die Geliebte, die Mutter, die Ehefrau, die Schwester, die Tochter, die Freundin, sondern ein kleiner Zauberjunge wie Harry Potter, der das Böse auf seiner Heldenreise mit Geschick und dem Willen zur Liebe zu Menschen und Zauberern gleichermaßen bekämpft. Habe ich mal kein gutes Buch zur Hand, welches mich wieder daran erinnert, dass ich mehr bin als nur die Schweizer Autorin mit einem putzigen Namen, werde ich ziemlich unausstehlich. Kurz: Geistige Nahrung ist für mich ebenso überlebensnotwendig wie das Croissant zum Frühstück. Aus dem Lesen wird Denken, und deshalb macht Denken Frauen schöner als jede Diät. Denn denkende Frauen sind nicht nur gefährlich, sondern unabhängiger vom Urteil einer Umwelt, die Frauen gerne auf gewisse Rollen festlegt.

Die bisher jüngste Kandidatin für den Friedensnobelpreis, Malala Yousafzai (geboren 1997, nominiert 2013), erzählt Ihnen wundersame Geschichten darüber, wie lebensnotwendig Lesen für Mädchen in Afghanistan ist. Malala reiht sich damit in eine jahrtausendealte Frauengeschichte ein. Eine Geschichte, die uns davon berichtet, wie wichtig es ist, Frauen die Möglichkeit zum Selbstausdruck zu geben – unabhängig von Religion, Kultur und Politik. Mal ganz ehrlich, was meinen Sie: Welche Bilder aus dem 20. und 21. Jahrhundert werden in 200 Jahren von Frauen in den Museen der Zukunft aufgehängt werden? Die Covers vom Playboy, der Pirelli-Kalender oder eine Ahnenreihe von Missen?

Lesen gefährdet die Dummheit.

Auf einer Plastiktüte für Buchhandlungen

Einige Denk-Bücher, die schön machen

Normalerweise empfinde ich es immer als besondere Ehre, nie auf gewissen Listen zu stehen. Ich bin skeptisch, wenn Listen „100 Bücher, die Sie gelesen haben müssen, bevor Sie sterben" anpreisen. Meistens sind unter den üblichen Verdächtigen nur wenige Denkerinnen zu finden und wenn, dann nur Autorinnen wie Jane Austen. Deshalb stelle ich Ihnen hier eine völlig subjektive Auswahl von Geschichten und Autorinnen vor – ab und an darf es auch ein Mann sein –, die mich tatsächlich beim Lesen und Denken schöner gemacht haben:

C wie Cohen, Albert, *Die Schöne des Herrn* statt der ollen *Buddenbrooks:*

Ähnlich in seinem bourgeoisen Stil, doch mit unendlich mehr Erotik und Politik verknüpft als das Werk von Thomas Mann, das der sonstigen literarischen Qualität des deutschen Nobelpreisträgers eigentlich nicht wirklich entspricht – ich persönlich finde *Dr. Faustus* ungleich anregender und besser. Cohens Geschichte erzählt von einem hohen Beamten im Völkerbund und dessen erotischen Eskapaden. Lassen Sie sich nicht von der streckenweise schwierigen Sprache abschrecken, die Lektüre lohnt sich. Kein anderer Mann weiß so präzise, elegant und erotisch einen weiblichen Orgasmus zu beschreiben. Daneben lernen Sie übrigens alles, was Sie von der heutigen Europäischen Union verstehen müssen – selbst wenn der Roman lange vor deren Gründung verfasst wurde.

D wie *Die Mandarins von Paris* von Simone de Beauvoir:

Madame de Beauvoir war eine große Literatin – es ist schade, dass sie von der deutschen Presse immer wieder als „Gefährtin Sartres" oder als „Feministin" kleingemacht wird. Philosophin war sie auch, kein anderer Satz hat die

Welt bisher so erschüttert und alle Evolutionsbiologen so aufgeschreckt wie dieser: „Man wird nicht als Frau geboren, sondern man wird zur Frau gemacht", weshalb sie ihr Leben im Versuch verschwenden, die Beauvoir zu widerlegen. *Die Mandarins* ist eine wunderschöne Liebesgeschichte, in der Sätze fallen wie: „Solche Menschen – Leute der großen Welt und die sich ihr angepasst hatten – liefen ihr Leben lang von schlechten Klischees geblendet mit einem Herz voller Gemeinplätze herum." Wenn Sie die Beauvoir schmachtend, leidend und schmollend erfahren wollen, dann sind Sie mit *Sie kam und blieb* gut bedient. Bei Madame de Beauvoir gilt: Gewisse Werke altern nicht.

F wie Friedrich Dürrenmatt, *Der Verdacht:*

Das Berner Urgestein, ein begnadeter Autor und 1000-mal klüger, feinsinniger, gebildeter und sprachgewaltiger als der Zürcher Max Frisch, hat mit dem *Verdacht* ein Werk geschaffen, das die Gräuel des nationalsozialistischen Denkens wie kein anderes auf den

Punkt bringt und allen Medizinstudenten als Pflichtlektüre verordnet werden sollte. Sie können alles von Dürrenmatt lesen – kein anderer Schriftsteller im deutschsprachigen Raum hat dessen Format, Eigenwillig- und Einzigartigkeit. Dass der unvergleichliche Autor in Deutschland hauptsächlich durch *Die Physiker* oder den *Besuch der alten Dame* in Erinnerung ist, finde ich ebenso ungerecht wie bedauerlich. Ebenso die Tatsache, dass Dürrenmatt wohl manchem jungen Leser durch die Schule verdorben wurde.

H wie *Harry Potter,* 7 Bände von J.K. Rowling:

Moderner als Tolkien, lustiger als *Die Odyssee,* fast so philosophisch wie Sokrates und sprachgewaltig wie James Joyce – Sie sehen, ich bin ein Fan der Märchenstrickerin Rowling, die ihren Vornamen hinter Initialen verbarg, weil „Jugendliteratur nur gekauft wird, wenn sie

Männer geschrieben haben". Klar doch – Rowling stiehlt überall: Von den griechischen Mythen über die matriarchalen Hexenkulte bis hin zum Raumschiff Enterprise – *who cares?* Sie tut dies großartig und im englischen Original in einer Sprache, die im 21. Jahrhundert immer noch ihresgleichen sucht. Und ja doch: Es macht unendlich schön, wenn das Böse nach all den Qualen und Abenteuern doch besiegt werden kann – wo passiert denn das sonst noch?

K wie *Kassandra* von Christa Wolf:

Als ich 1999 meine 800 Seiten starke Dissertation zur *Geschichte der Frauen von 1914-1945* ablieferte, stellte ich ihr eine Passage voran, die aus Christa Wolfs Feder stammt. Die ostdeutsche Schriftstellerin ist keine verkannte „Tante des Feminismus" wie mein Journalistenfreund Tobias dies flapsig umschrieb. Sie ist alles andere, nämlich eine wunderbare Entdeckung, sei dies in ihren Kindheitsmustern oder in ihren Tagebüchern. Poetisch unübertroffen ist ihre Erzählung *Kassandra.*

L wie *Léon und Louise* von Alex Capus:

Eine zauberhafte Liebesgeschichte mit einer Frauenfigur, die so selbstständig und unabhängig ist wie selten eine in der Literatur. Gleichzeitig erfahren Sie etwas über die Banalität des Bösen, welche in jedem Beamten steckt, der nie die Liebe erfahren hat.

Warum jedes Mädchen einmal im Leben jemand Frankophonen daten sollte: Weil er/sie Wörter wie „Mehrwertsteuersatz" sagen kann und es akzentbedingt trotzdem wie Baudelaire klingt.

Anne-Sophie Keller, Journalistin

M wie Milan Kundera, *Die unerträgliche Leichtigkeit des Seins:*

Dieser Roman umarmt Sie zauberhaft mit Erotik und einer hinreißenden Liebesgeschichte zwischen

drei einzigartigen Menschen. Wohl kaum ein anderer Mann hat es dermaßen verstanden, Frauen so zu lieben, dass sie sich auch selber lieben.

N für normal wie in *Warum glücklich statt einfach nur normal?* von Jeanette Winterson:

Kein anderes Buch ist ein derart berührendes Plädoyer für Kunst und Literatur. Jeanette Wintersons lieblose Kindheit bei einer Frau, die keinen Sex, aber ein Kind wollte und dann „das Falsche" adoptierte, trifft viele Frauen ins Herz. Elke Heidenreich erzählt von den alten Wunden, die das Buch aufreißt, aber gleichzeitig auch den Trost bringt, dass Bücher einem tatsächlich das Leben retten können … weshalb Glücklichsein viel wichtiger ist, als normal zu sein.

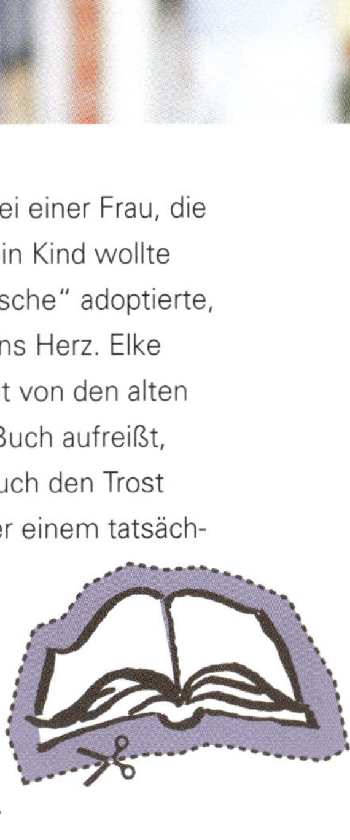

T wie Tom Robbins:

Zauberhafte Romane zur Wiedererweckung alter Mythen, lustiger Begebnisse und großartiger Frauen. Wenn Sie sich stundenlang an Ihrem Frau-Sein erfreuen, Selbstsicherheit lernen und locker die Hüften schwingend kichernd durch Ihre Kleinstadt gehen, in der U-Bahn hocken wollen, dann sind Sie bei Tom Robbins absolut richtig.

V wie *Vita activa* von Hannah Arendt:

Wenn Sie die Welt und vor allem deren Politik verstehen wollen, dann ackern Sie sich doch durch die *Vita activa* von Hannah Arendt, immer wieder begleitet von ihrem wunderbaren Gespräch mit Günter Gaus, das vom Zweiten Deutschen Fernsehen am 28. Oktober 1964 ausgestrahlt wurde und per Youtube einsehbar ist. Einfacher und lustiger sind die Briefe von Arendt an ihre Freundin Mary McCarthy – wahrlich ein Genuss. Arendt, die Denkerin ohne Geländer, ist inspirierend, war sinnlich, humorvoll, schwer zu verstehen, sperrig, klar im Argument und umstritten wie nur die Hexen, welche früher auf dem Scheiterhaufen gelandet sind. Der Film von Margarethe von Trotta wird der großen Denkerin mit ihrer humorvollen, lebenslustigen Art und ihrem Aussehen als wirklich schöne Frau, die noch im hohen Alter Heiratsanträge von wunderbaren Intellektuellen erhielt, nicht wirklich gerecht, ist aber trotzdem ein guter Einstieg für eine Freundin, die regelmäßig bei mir eine oder zwei oder drei Zigaretten raucht. Doch hier eine Warnung: Arendt ist keine leichte Kost, und deshalb empfehle ich zu ihrem Verständnis als Einstieg die Biographie von Laure Adler oder eben mein Buch *Die Macht des richtigen Friseurs.*

Sie schauen lieber fern oder gucken Youtube-Links oder Podcasts ausgewählter Sendungen?

Hier eine kleine Auswahl dessen, was mir gefällt:

Desperate Housewives
House of Cards
Friends
Nurse Jackie
The Simpsons
David Attenborough, Life of Birds
Walking with Dinosaurs
Rome
In Treatment
Alle Gespräche mit Hannah Arendt
Slavoji Zizek
Ernst Bloch
Günter Gaus (Talk)
Heinz Erhardt
Sternstunde Philosophie auf SRF
Westart Talk WDR
Heute-Show
Neues aus der Anstalt
Tatort
Stöckl (Talk)
Daily Show

Neue Denk-Ansätze

Aus gewohnten Bahnen auszubrechen, entspricht einem tief sitzenden Wunsch vieler Menschen. Denn so paradox es klingt, wer er selber bleiben will, muss sich ständig verändern.

Alles gewinnt seine Bedeutung, seinen Sinn und seine Wirkung erst in einem Kontext. Deshalb bringe ich Ihnen hier ungewohnte Denk-Ansätze, die Sie vielleicht dazu anregen, das Wagnis einzugehen, Gewohnheiten in Ihren Überzeugungen zu hinterfragen.

Une Jolie Laide – eine extravagant Schöne

Der britische Schriftsteller Henry James beschrieb seinem Vater die Begegnung mit der wunderbaren Mary Ann Evans (besser bekannt unter ihrem männlichen Pseudonym George Eliot): *„Sie war ‚magnificently ugly – deliciously hideous"*, was so viel hieß wie „wunderbar hässlich" und „köstlich abschreckend". Sie sei eine Frau, wie er sie noch nie gesehen habe. So unendlich unansehlich war sie. Dennoch „strahlte sie mit ihrer großartigen Hässlichkeit die beeindruckendste Schönheit aus, die je eine menschliche Seele hat berühren können." Die Franzosen kennen den Ausdruck: *„une jolie laide"* – eine „extravagant Schöne". Eine wunderbare Bezeichnung dafür, dass Schönheit, Denken und Frau-Sein mit viel mehr zu tun hat, als allein das Auge erkennen kann. Tatsächlich: Kluge Frauen sind immer schön, selbst wenn sie weit vom klassischen Schönheitsideal entfernt sind. Denkende Frauen sind attraktiv, weil sie sich bei anderen Menschen vor allem für deren Themen und nicht für deren Aussehen interessieren. Menschen lieben Aufmerksamkeit, deshalb kommen sie in der Gesellschaft mit Denkanstößen weit.

Besserwisser

Die Farbe der Gedanken

Heutzutage ist es leider en vogue, Menschen auf den Körper zu reduzieren und ständig von Hormonen, Genen, Metabolismus, „richtiger" Ernährung u. a. zu sprechen. Vergessen wird dabei immer das, was den Menschen erst zum Menschen macht: Nämlich die Farbe der Gedanken, die schließlich auch die Seele und den Körper malt.

Tragen meine Hitzewallungen zur Klimaerwärmung bei?

Graffito an der Bürotür der ehemaligen Vizepräsidentin der EU-Kommission, Margot Wallström

Aus Raum und Zeit fallen

Jede, die es schon einmal probiert hat, möchte diesen Zustand nicht missen: Beim Lesen, Denken und Schreiben fällt man aus Zeit und Raum. Man wird zum Immigranten ins Innere der eigenen Welt. Alle normalen Regeln sind ausgeschaltet. Die bekannte Welt mit all ihren Informationen, Vorschriften, Klischees, Gesundheitstipps und Idealzuständen ist völlig unwichtig geworden. Die Lesende, Denkende und Schreibende entwickelt ihre eigenen, ihr entsprechenden Rituale, Räume und Zeiten. Oft können Frauen nur dann wirklich bei sich sein, wenn sie lesen oder allein rennen, spazieren oder joggen gehen. Viel zu selten erlauben wir Frauen es uns, mal keine sozialen Wesen, sondern nur wir selbst zu sein.

Die Perspektive der Katze

Einmal Gedachtes lässt sich nur schwer zurücknehmen. Das Einzige, was funktioniert, ist die Umgestaltung lieber und teurer und damit altmodisch gewachsener Gewohnheiten. Deshalb ist es wichtig, Frauen in den Medien nicht ständig als Opfer, als Playboy-Bunnys, als Muttis, als Mädels, als Zicken etc. darzustellen. Denn durch ständige Wiederholungen werden auch Unwahrheiten plötzlich wahr. Mal ganz ehrlich: Wie viele Zicken kennen Sie in Wirklichkeit? Ich kenne solche nur vom Hörensagen her. Deshalb wagen Sie doch folgendes Experiment: Stellen Sie sich einen Monat lang täglich vor den Spiegel und begrüßen Sie sich mit: „Ich bin 32 Jahre alt", selbst wenn Sie 42 sind. Einen Monat lang, jeden Tag. Ich wette mit Ihnen, dass Sie spätestens nach einem Monat von Fremden auf höchstens 32 Jahre geschätzt werden. Denn es stimmt tatsächlich, dass man so alt ist, wie man sich fühlt. Es ist eh lustig, wie scharf manche Menschen darauf sind, ihr Alter von Fremden bestimmen zu lassen. Ich zum Beispiel verschätze mich ständig. Zehn Jahre jünger oder zehn Jahre älter liegt noch so im grünen Bereich. Doch alles andere ist Beigemüse, nur zu kennzeichnen mit „sehr jung" oder eben „alt" – das in der Mitte, also jung bin ich ja selber. Für meine Kinder sehen meine Studenten und ich – trotz des Altersunterschieds von bis zu 20 Jahren – alle gleich alt aus. Für meine Mutter ist jede Frau unter 60 ein junger Hüpfer. Und für meine Katzen spielt das Alter gar keine Rolle,

Hauptsache, sie kriegen ein Löffelchen griechischen Joghurt täglich (auch der bleibt alterslos gut).

Das Denken hat kein Alter

2006 gab es auf der Basler Messe die Möglichkeit, in einer Maschine „nachzuleben", wie man sich als alter Mensch denn so fühlt. Man wurde in ein Korsett eingezwängt, dann drückte die Wirbelsäule, die Knie begannen zu schmerzen, die Sicht wurde diffus und die Koordination funktionierte überhaupt nicht mehr. Jede Bewegung fühlte sich abgebremst und langsam an. Den jungen Menschen in der Altersmaschine wurde schlecht. Sie klagten über Magen- und Bauchschmerzen, und jeder Maschinen-Altersreisende wollte nach diesem Erlebnis möglichst jung sterben. Statt ihnen Mitgefühl für die alten Menschen einzuflößen, versetzte das Experiment die Teilnehmer nur in einen Schockzustand. Die Maschine vermittelte eben lediglich die körperlichen Aspekte von „alt". Das Denken kam nicht mit. Wer fühlt sich schon gerne als Tattergreis, wenn er erst 20 Jahre Erfahrung im Herzen, im Kopf und in der Seele hat? Die Maschine lässt nicht spüren, dass trotz körperlicher Gebrechen die Seele, das Denken, die Erinnerungen mitschwingen und Erlebtes in einen ganz anderen Kontext stellen als die rein physische Erfahrung. Lebenserfahrung kompensiert schmerzende Glieder, außer man lebt nur als Körper. Dann tut einem natürlich alles weh.

Vierzig Jahre sind das Alter der Jugend, fünfzig die Jugend des Alters.

Victor Hugo

Denken Sie nicht an einen rosa Elefanten!

Päng! Schon passiert. Um nicht an einen rosa Elefanten zu denken, haben Sie ihn innerlich schon längst gesehen und damit an ihn gedacht. Obwohl es rosa Elefanten nicht gibt. Lautete die Überschrift: „Denken Sie nicht an einen grauen Elefanten!“, dann wären Sie verblüfft gewesen, aber auch hier funktioniert das Nicht-Denken nicht – Sie sehen einen ganz normalen Elefanten vor Ihrem geistigen Auge. „Denken Sie nicht, dass Frauen ab einem gewissen Alter unsichtbar werden!“, dann haben Sie schon längst über die grauen Mäuschen jenseits der 40 nachgedacht. Schwerer dürfte es Ihnen fallen, wenn ich Ihnen diesen Tipp gebe: „Denken Sie an eine erotische 70-Jährige!“ Wir können eben nicht an etwas denken, ohne es uns vorzustellen. Die Vorstellung wird begünstigt durch die Erfahrung. „Rosa“ kennen wir, „eine erotische 70-Jährige“ wird uns eher selten vorgeführt. Sie sehen: Denken ist gar nicht so unkompliziert. Um einen Gedanken nicht zu haben, muss er überhaupt erst vorhanden sein. Ist er da, dann können Sie ihn nicht mehr nicht denken. Die erotische 70-Jährige plus seh' ich – im Unterschied zu Ihnen – aber sofort vor mir: Julia Onken beispielsweise, die Bestsellerautorin und Gründerin des Frauenseminars Bodensee. Oder Hannelore Elsner oder Catherine Deneuve. Ich bin aber, im Unterschied zu wahrscheinlich den meisten von Ihnen, französisch sozialisiert. Da springt mein Gehirn schnell auf „erotisch“ an, und ich sehe sofort tolle Frauen ab einem „gewissen Alter“ vor mir. Das 70 davor nehme ich gar nicht wahr. In Deutschland, dem Wirtschaftswunderland, dominieren aber sehr oft die Zahlen. Da zählen Zahlen mehr als Erotik.

Ungewohntes denken

Zahlen regieren die Welt, deshalb müssen sie in einen Kontext gestellt werden. Meine Mutter lehrte mich eine grundsätzliche Skepsis gegenüber Mehrheitsdenken, womit sie meine wissenschaftliche Karriere schon früh förderte. 1870 veröffentlichte der belgische Astronom und Statistiker Adolphe Quetelet die Schrift *Anthropométrie ou mesure des différentes facultés de l'homme.* Darin entwickelte er ein statistisches Verfahren zur Vermessung des Menschen, um die gesellschaftlichen und physischen Erscheinungen seiner Zeit zu ergründen. Noch heute arbeiten die Ernährungswissenschaftler mit seiner Formel: dem Body-Mass-Index, kurz BMI. Dieser ist eine Maßzahl für die Bewertung des Gewichts eines Menschen in Relation zu seiner Größe. Obwohl Quetelets Arbeiten schon zu dessen Lebzeiten angezweifelt wurden, geißeln sich auch noch heute unzählige Frauen und Männer in dem unseligen Versuch, ihren BMI nach unten zu drücken. Wenn heutzutage der Taillenumfang einer 13-Jährigen und mittelschweres Untergewicht (Gisèle Bündchen) als absolut erstrebenswert gelten, darf man sich schon fragen, welcher Zahlen-Derwisch da sein Unwesen getrieben hat.

Erst kürzlich stellten Forscherinnen fest, dass maßvolles Übergewicht die Lebenszeit sogar verlängern könnte. Der BMI, der aus Körpergewicht geteilt durch Körpergröße in Metern zum Quadrat berechnet wird, setzt jeden Wert zwischen 20 und 25 als „normal" und alles drunter oder drüber als „krank" an.

„Fette an Hüften, Beinen und Po können sogar vor Herz-Kreislauf-Erkrankungen und Diabetes schützen", sagen nun die Forscher. Allenfalls das Fett in Bauchraum und inneren Organen könnte schädlich sein. Hüftgold könnte also tatsächlich für den Menschen „das Gold im Alter" sein.

So mache ich mir mein Denken bewusst

Schreiben Sie mal einen Tag lang genau auf, was Sie an Gedanken behalten, seien diese von Ihnen, von anderen, aus Zeitschriften und Magazinen, Büchern etc. Der Prozess des Schreibens verstärkt die Erinnerung und stärkt Ihr „Bewusst-im-Hier-und-Jetzt-Sein". Zudem erkennen Sie, was für Sie momentan wichtig ist und können überlegen, ob Sie auch wollen, dass es wichtig ist.

Tipp

Bleiben Sie dran!

Von Johann Wolfgang von Goethe wird berichtet, dass er, wenn er Kaffee gekocht habe, sich ausschließlich dieser Tätigkeit hingegeben habe. Ich bin ähnlich. Multitasking ist nicht mein Ding. Wenn ich schreibe, dann bin ich in einer anderen Zeit und einem anderen Raum. Bin ich wütend, dann bin ich das richtig. Wenn ich mit meinen Kindern spiele, dann bin ich nur Mama. Fahre ich Ski, dann kann mir sogar Hannah Arendt den Buckel runterrutschen. Ich bin eine, die lebt im Moment, was von der Umgebung nicht nur goutiert wird – doch hey: Wer hat denn verlangt, dass ich perfekt sein solle? Die Konzentration aufs Hier-Sein und Bewusst-Sein lernen viele im Yoga. Wie beim Sport finde ich auch hier: Die Alltagsfitness ist ebenso gut wie zweimal Ausdauersport die Woche – langfristig sogar besser. Deshalb: Bleiben Sie dran. Was immer Sie auch tun, empfinden oder wo immer Sie sind. Bleiben Sie dran!

Lieber ich als Botox ...

5.

Haben die Großbuchstaben in der neuen deutschen Rechtschreibung schon Cellulite? Neugierig? Gut so. Hier gehen Sie mit mir auf Entdeckungsreise: Von Körperschriften zu Körpermaßen, vom Idealmaß zum Fatalmaß … bitte anschnallen, denn die Fahrt wird aufregend sein!

Blut ist ein ganz besondrer Saft

In Goethes *Faust* wünscht sich Mephisto als Zeichen für den Tausch von Seele gegen Materie ein besonderes Zeichen. Mephisto bittet Faust sprichwörtlich, ihm doch ein paar „Zeilen" zu notieren.
Faust ist erstaunt. Da entpuppt sich der Fürst der Finsternis doch tatsächlich als Jurist, als Bürokrat, als Pedant. Er braucht ein paar Zeilen – wie bieder ist das denn? Faust gibt sich auch sehr arrogant bei der Wahl seines Schreibgeräts für die Zeilen: „Soll ich mit Griffel, Meißel, Feder schreiben?
Ich gebe jede Wahl dir frei."
Der Teufel lächelt listig und sagt mit kalter Präzision: „Du unterzeichnest dich mit einem Tröpfchen Blut." Faust, dem immer noch unverständlich ist, dass ein Tröpfchen Blut reichen soll, um seine Seele zu binden, wird von Mephisto zurechtgewiesen mit den Worten: „Blut ist ein ganz besondrer Saft."

Die neue Schrift für Menschen: Botox

4 Millionen Botox-Spritzen werden jährlich allein in den USA gesetzt. 4 Millionen! In der Schweiz waren es nur 200.000. Auch Deutschland liegt mit „nur" 100.000 Botox-Spritzen für 2011 auf den hinteren Plätzen, und dennoch habe ich den Eindruck, dass Botox überall beworben wird. Selbst politische Leitblätter wie die Neue Zürcher Zeitung oder die Süddeutsche Zeitung berichten häufig über das offensichtlich nur unter Stars und in den USA so beliebte Nervengift. Was wohl dahinterstecken mag? Richtig! Ein Milliardengeschäft. Im Juni 2014 wurde bekannt, dass das multinationale Unternehmen Nestlé mit Sitz in der Schweiz die Rechte am Vertrieb von Botox- und Hyaluronsäure-Wirkstoffen von der US-Firma Valeant Pharmaceuticals gekauft hat. Nestlé hat dafür 1,4 Milliarden Dollar bezahlt – ist doch klar, dass Botox nun ein echtes Massenprodukt werden muss, nicht wahr? 1,4 Milliarden sind eine Menge Geld, selbst für Nestlé.

„Nestlé Skin Health soll das nächste Nespresso werden", meint Jean-Philippe Bertschy von der Bank Vontobel gemäß dem Zürcher Tagesanzeiger vom 8.6.2014. Dieses Beispiel zeigt, wie aus einem neuen Lifestyle-Produkt für eine in ihrer Selbstwahrnehmung tendenziell gestörte Elite wie Hollywoodschauspieler ein Medien- und Massenphänomen wird, das milliardenschwere Einnahmen verspricht und so lange hochgeschaukelt werden soll, bis sogar Sie und ich uns regelmäßig Botox spritzen lassen. Es gibt wohl kein besseres Beispiel für die direkte Beschriftung der Menschen, finden Sie nicht auch?

Das Idealmaß der Frau ist reinstes Fatalmaß.

LaStaempfli

Trendwende? Hollywood-stars geben Spritzen zu

Schon vor Jahren gestand das Topmodel Cindy Crawford, dass sie sich seit ihrem 30. Lebensjahr bereits mehreren Schönheitsoperationen inklusive Botox-Behandlungen unterzogen hat. Kim Catrall aus *Sex and the City,* Courtney Cox aus *Friends,* Sängerin Anastacia, Linda Evangelista, Nicole Kidman – sie alle stehen zu ihren Botox-Spritzen. Das Geständnis der Stars, Botox benutzt zu haben, ist aber keine wirkliche Trendwende. Nicole Kidmans Gesichtsausdruck wirkt so eindeutig festgefroren, dass sie gar nicht anders konnte, als zu ihren Spritzen zu stehen. Je öfter die verheerenden Wirkungen von Botox-Injektionen öffentlich sichtbar werden – gucken Sie sich beispielsweise mal die eindrucksvollen Vorher-Nachher-Bilder in der Zeitschrift Gala an –, umso lauter werden auch die kritischen Stimmen.

„Ich hätte liebend gerne mein altes Gesicht wieder", betonte der ehemalige Tagesschau-Sprecher Franz Laake im Westart-Talk vom 2. Februar 2014. Ein misslungenes Face-Lifting hatte seine Karriere 1993 beendet.

Glücklicher durch Glattbügeln?

Wer glaubt, die glatte Stirn mit 40 garantiere ein erfülltes Leben, irrt. Wer meint, Körbchengröße D mit 16 verhelfe zu mehr Sex, irrt. Wer mit der Behauptung wirbt, schöne Menschen seien erfolgreicher, ist schlichtweg ein Betrüger – ein ganz erfolgreicher, übrigens. Das Aussehen ist nur eines von über 1000 Merkmalen, die Menschen glücklich, erfüllt, lustig, sozial und tanzend machen. Tausende von Studien belegen, dass die Erfüllung für Menschen nicht von ihrer körperlichen Erscheinung, sondern von ganz vielen anderen, wichtigeren Umständen abhängt. Wenn Psychologen gefragt werden, was

denn ein Kind glücklich mache, lautet ihre Antwort: „Wenn die Eltern glücklich sind." Zufriedenheit vererbt sich ebenso wie Unglücklichsein, wie neueste Studien zeigen. Denn traumatische oder wunderschöne Erfahrungen verändern die Aktivität der Erbanlagen über Generationen hinweg. Deshalb ist es unsinnig, Glück an etwas zu hängen, das nur von einer kleinen Elite jemals gelebt werden konnte (die wenigsten Menschen sind makellos schön!) und das dieser kleinen Elite die einzige Referenz für ihr Da-Sein bietet. Doch die Tatsache, dass etwas unsinnig ist, bedeutet noch längst nicht, dass wir es nicht glauben. Also müssen wir weiter suchen, weshalb viele vielleicht weiter meinen, der Weg zum Glück führe doch eher über Schönheitsoperationen.

Fatal- statt Idealmaße

Sie meinten voller Zuversicht, wenigstens sei Ihr Körper noch bio? Nö. Daneben getippt. Selbst unser Körper ist viel mehr als ein objektiv bestimmbares Naturprodukt. Er setzt sich aus ganz vielen Ingredienzien zusammen, die nicht nur Wasser, Knochen und Fett beinhalten, sondern auch Sprache, Politik, Wirtschaft, Wissenschaft, Musik. Oder meinten Sie wirklich bis jetzt, Sie wären einem Joghurt ähnlich, das nach seinem Verfallsdatum entsorgt wird?

Der Mensch ist nicht nur ein Bezugssystem aus Jahrgang, Kilos und Zentimetern, sondern viel mehr, selbst wenn das bei einem

Arztbesuch leider so oft nach dem Gegenteil aussieht. Wer meint, der menschliche Körper sei ein genetisch vorbestimmtes Gemüse, das sich durch eindeutigen Geschmack, Form, Haltbarkeit, Gewicht und Farbe auszeichne, irrt. Der Mensch ist immer mehr als nur eine besondere Mischung aus Blut, Wasser und anderen biochemischen Substanzen. Unsere physischen Formen sind nicht einfach gegeben, sondern durch Sprache, die Machtverhältnisse und die Kultur des Mainstream (das, was eine Mehrheit „gut" findet) auch gezeichnet. Oder mit den Worten von Eckart von Hirschhausen: „Sieht ein Kind seinem Vater ähnlich, ist es genetisch. Sieht ein Kind seinem Nachbarn ähnlich, ist es Umwelteinfluss."

Dinge sind verzauberte Menschen. Es ist nicht wirklich ratsam, das Verhältnis umzukehren. „Nööö!", meint mein Pygmalion.

LaStaempfli

Nur das PR-Gen bleibt besteh'n

Unsere Gene oder die in der DNA gespeicherte Erbinformation sind keine auf ewig unabänderlichen Tatsachen. Frau Professor Juleen Zierath und ihre Kollegen in Stockholm publizierten ihre Forschungsergebnisse zur DNA, die belegen, dass sich allein nach 20 bis 30 Minuten Training auf einem Fahrradergometer, bei dem mindestens 400 Kalorien verbrannt wurden, das Erbgut in den Muskelzellen der Oberschenkel verändert hat. Wenn sogar ein bisschen Sport nicht nur unsere Muskeln, sondern sogar unsere Gene formt, wie steht es da mit Glück, Selbstwert und Kreativität? Also!
Wenn Sie das nächste Mal von einem „Schönheits-Gen" hören, denken Sie daran: Das einzige Gen, das sich nicht verändern lässt, ist das *PR-Gen* in der *Schönheitsindustrie.*

Doing ugly

Noch vor zwanzig Jahren wäre das kaum denkbar gewesen: An der Spitze der deutschen Regierung steht eine Frau, Deutschland hat seit Kurzem sogar eine Verteidigungsministerin, der IWF wird von weiblicher Hand gelenkt, für die Führungsposition der EU-Kommission wird ernsthaft eine Frau gehandelt, die Geschicke der wichtigsten deutschen Medienkonzerne liegen in Frauenhand. Frauen haben einiges erreicht, wenn es um Ämter und Ansehen in Würde geht. Oder doch nicht?

Doing Gender („Geschlecht machen") nennt man die kulturelle Hegemonie, Menschen in „Frauen" und „Männer" zu unterteilen. Mittlerweile gibt es den Ausdruck *Doing Age* („Alter machen"), das heißt, hierbei werden Menschen nach Jahrgängen sortiert. Wenn immer *Doing* davorsteht, ist Diskriminierung nicht weit. Es ist, als würden Menschen immer öfter etikettiert – wie Produkte. Deshalb sprechen Medien von Menschen auch gerne wie von Waren: „Ihr Marktwert ist gesunken" oder „Sein Verfallsdatum ist erreicht". Nennen Sie das fortan auch *Doing ugly* – denn hier werden Menschen auf infame Weise diskriminiert. Auch wenn sie diese Benachteiligung manchmal sogar gegen sich selber wenden.

Glauben Sie an Gott, Darwin oder an Botox?

Der Körper ist für den modernen Menschen zum Ort seines Kirchgangs, zu seinem Tempel geworden. Der Körper ist ein Gefäß, das nun nicht länger den dank der Geißeln der Katholiken rechten Glauben enthält, sondern die Kalorienzahlen der Pharmaindustrie widerspiegelt. Statt zur Gottesverehrung ins Bethaus rasen mehr und mehr Menschen ins Fitnessstudio. Da gilt es, das eigene Begehren nach sich selbst zu entwickeln. Wir brauchen vielfältige Bilder, damit sich kurzbeinige Brünette nicht aufs

Streckbett schnallen, sondern das Geld lieber für meine Schriften ausgeben (bitte schalten Sie hier den Ironiedetektor ein!).

Biologie humorvoll betrachtet

Eine meiner Lieblingskomikerinnen, Sarah Silverman, meinte einmal: „Es ist mir egal, ob ihr denkt, ich sei Rassistin, Antisemitin, Frauenhasserin oder Analphabetin. Hauptsache ihr denkt, ich bin dünn."

Oder Dawn French, eine britische Komödiantin, die folgende Frage nach ihrem Mann, einem beliebten, berühmten Fernsehkoch mit schwarzer Hautfarbe gestellt bekam: „Wie haben denn um Himmels willen Ihre Eltern reagiert, als Sie mit einem schwarzen Freund daherkamen?" und antwortete: „Der verdammte Bastard! Er ist schwarz? Das hat er mir nie erzählt."

Rezept

Memory Cookies*

Für ca. 16 Memory Cookies
Zubereitungszeit: 20 Min.
Backen: 25 Min.

40 g glückliche Kindheit, 40 g Bildung, 40 g Theater, 80 g schön verteilte Menschenliebe, 100 g Mut, 2 EL frisch gemahlene Zärtlichkeit, 120 g Demokratie, 1 Päckli Sozialleistungen

Alle Zutaten (bis auf die Zärtlichkeit und Menschenliebe) inklusive Bildung und glücklicher Kindheit in einer Schüssel mischen. Die frisch gemahlene Zärtlichkeit mit der Menschenliebe verrühren und lange ruhen lassen. Das Ganze dann mit der Demokratie und dem Päckli Sozialleistungen verfeinern. Alles kreisrund, etwa 1 cm hoch auf einem Backpapier ausstreichen. Kann auch gut zwischen zwei Lagen Backpapier ausgerollt werden. Nun im vorgeheizten Ofen bei 160° Umluft 25 Min. lang backen. Noch heiß in Riegel schneiden und auf einem Gitter auskühlen lassen.

*Achtung: Die unglaublich wohlschmeckenden Memory Cookies halten ewig!

Mein kleiner Körper-Duden

Lieber-ich-als-perfekt-Aktion

Wer bin ich am .... 20.........:

Bitte füllen Sie die folgenden Seiten aus.

Wer hat meine Gestik, meine Sprache, mein „In-die-Welt-Treten" in meinem Leben bisher beeinflusst und wie?

Wie viel Körper, wie viel Erziehung bin ich?

Welche Herrschafts-Schriften könnte man an meinem Körper erkennen?

Menschsein heißt für mich:

- [ ] Strahlen
- [ ] Bewegung
- [ ] Singen
- [ ] Energie
- [ ] Weinen
- [ ] Ebenbild Gottes
- [ ] Pflicht
- [ ] Arbeit
- [ ] Tanzen
- [ ] Sprache
- [ ] Gestik
- [ ] Lachen
- [ ] Genetisch festgelegt
- [ ] Mühsal
- [ ] Harter Weg
- [ ] Fixe Unterschiede Mann/Frau

Wäre ich eine Symphonie, dann wäre(n) mein(e)

Haare	die Klarinette	Kopf	....
Hals	....	Brüste	....
Arme	....	Hände	....
Bauch	....	Hüfte	....
Beine	....	Füße	....

Wie könnte ich was für mich transformieren?

Total stressen tun mich folgende Vorurteile, was den Körper allgemein betrifft:

....

....

....

Lieber-ich-als-perfekt-Aktion.

Mich freut richtig, wenn folgende Annahmen über Körper und Körperlichkeit überhaupt keine Rolle spielen:

Individualität heißt für mich

Wenn ich mich wieder mal tierisch über so eine Studie aufrege, dann rufe ich an:

Tel.:

Tel.:

Tel.:

Mit wem und wo kann ich vorurteilsfreie, lustige Abende verbringen, an denen es nicht nur um die klassischen Girlie-Themen geht?

10 gute Gründe, einmal länger über Körper und Zeichen nachzudenken

Als Skelette sehen wir alle gleich aus: Die Fleischschauen in Gunther von Hagens *Körperwelten* machen eines deutlich: *Unter* der Haut sind wir alle gleich. Der Mensch im „Rohzustand" gleicht dem anderen wie ein Karottenstick dem anderen oder ist wie ein Korn unter Körnern.

Selbst eineiige Zwillinge weisen Verschiedenheiten auf: Dem anderen wirklich total gleich ist kein Mensch. Also muss es irgendetwas geben, das die Menschen zu Menschen macht.

Ich fühle, also bin ich (auch): Der Körper ist ein Sammelsurium unterschiedlichster Ingredienzien, wobei die Biologie nur einen Teil ausmacht. Körper sprechen eine besondere Sprache: „Der Körper ist der Übersetzer der Seele ins Sichtbare", sagte schon Christian Morgenstern. Es gibt so etwas wie eine Körpersprache, die uns allen eigen ist … und doch immer anders klingt.

> *Um klar zu sehen, genügt oft ein Wechsel der Blickrichtung.*
>
> *Antoine de Saint-Exupéry*

Das Gedächtnis des Körpers: Gefühle, zwischenmenschliche Beziehungen, Erlebnisse – all dies formt das menschliche Gehirn mit. Wenn wir also auf unseren Körper schauen wollen, müssen wir auch für unsere Beziehungen Sorge tragen.

Erlebnisvielfalt: Je nachdem wie ich eine Geschichte erzähle, wird

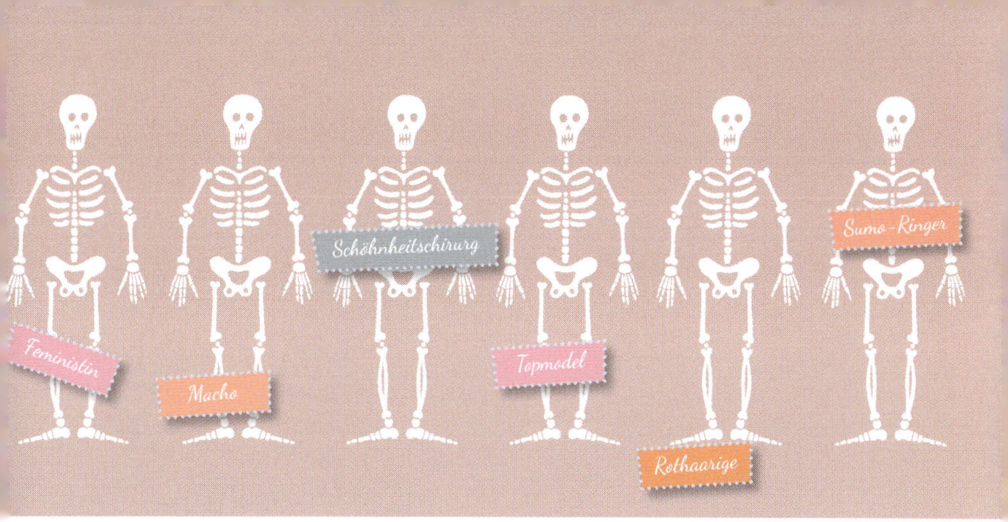

sie sich auch anfühlen. Ich tue mir selber und meinem Körper Gutes, wenn ich mein Selbst damit in Einklang bringe.

Künftige Generationen stärken: Da Leid sogar über Generationen weitergereicht werden kann, ist es wichtig, alles zu unternehmen, um den uns nachfolgenden Generationen einen glücklichen Start zu ermöglichen. Was immer wir uns (an)tun, tun wir auch anderen (an).

Körper ist auch Politik: Je mehr wir über das Zusammenspiel von Körper und Kultur, über die sogenannte Epigenetik wissen, umso wichtiger wird auch die Politik. Es ist eben sogar für meinen ganz privaten Körper keineswegs egal, wer zur nächsten Bundeskanzlerin gewählt wird.

Körper ist Sprache: Hebräisch definiert sich durch zahlreiche geschlechtsspezifische Hinweise. Das Finnische kennt dagegen wenig geschlechtsspezifische Zuweisungen.
Die Sprache formt das Denken: Kinder, die hebräisch sprechen, kennen ihr Geschlecht ein Jahr früher als finnische Kinder, denen die Unterscheidung „Mädchen" und „Jungs" nicht schon beim Sprechenlernen eingehämmert wird.

Ein Joghurt hat ein Verfallsdatum, ein Mensch nicht. Dafür lässt er sich allerdings auch nicht cremig rühren …

LaStaempfli

Eine Welt, deren kategorischer Imperativ 90-60-90 lautet, ist philosophisch gesehen öde und leer.

LaStaempfli

Körper sind nicht statisch: Menschliche Körper verändern sich ständig. Beispielsweise: Je emanzipierter eine Gesellschaft ist, umso dünner ihre Menschen. Je kapitalistischer eine Gesellschaft ist, umso sichtbarer der Unterschied zwischen reich (dünn) und arm (fett). Je traditionsbehafteter eine Gesellschaft ist, umso weiblicher, runder und dicker die Frauen.

Weil's schön macht und jung hält: Wenn sich der Körper jeden Tag verändern kann, wer behauptet dann, dass er altern müsse? Je länger ich über die Kommunikation mit dem und im Körper nachdenke, desto klarer wird mir, dass das Altern vor allem ein Nachahmungsproblem ist. (Doch darüber schreib' ich dann mal ein eigenes Buch …)

Besserwisser

Objektive Körpergrößen gibt es nicht!

Erst die moderne Industriegesellschaft hat den menschlichen Körper für die Konfektionsgrößen und den Verkauf von Kleidung „von der Stange" für die Masse normiert. Diese Tabellen werden alle paar Jahre überarbeitet, da man sie neuen Idealen und veränderten Realitäten anpassen muss. Reality-Check: Schon mal in Amsterdam oder Rom eingekauft? In Amsterdam passe ich in Größe 34, in Rom ist mir selbst die 48 zu klein …

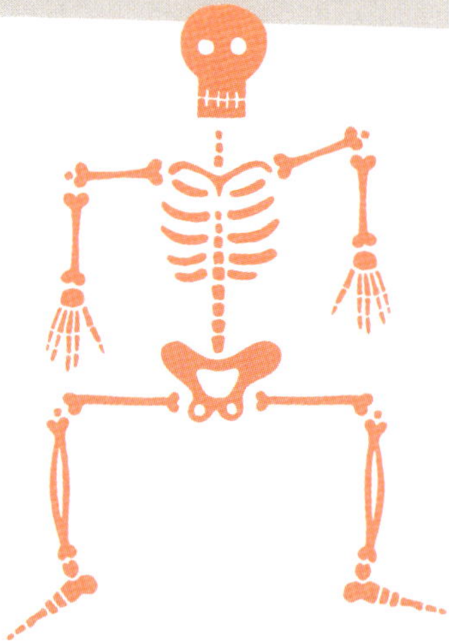

Lieber-ich-als-perfekt-Aktien

Keine Äußerlichkeiten, bitte!

Beschreiben Sie die Menschen in Ihrer Umgebung. Sie dürfen dazu aber kein einziges Wort über deren Körper verlieren. Nichts über das Aussehen, gar nichts. Dies ist eine zauberhafte Übung, aber gar nicht so einfach. Tabu ist wirklich alles: Alter, Größe, Gewicht, Augenfarbe, Nasenform, Mund, Hände etc.

Jeder Körper hat seine Epoche – und jede Epoche die dazugehörigen Körper

Zu erklären, wann, wo, wie, was, warum der Körper so aussieht, wie er aussieht, ist gar nicht so einfach. Die einen behaupten, der Körper sei eine in Kalorien quantifizierbare, objektive Angelegenheit, andere wiederum verfassen dicke, kluge Bücher über die Kulturgeschichte des Menschen. Sie ahnen wohl schon, welcher Fraktion ich angehöre ...

Der berühmte Soziologe Norbert Elias gab seinem Jahrhundertwerk *Über den Prozess der Zivilisation* den Untertitel *Soziogenetische und psychogenetische Untersuchungen.* Erster Band: *Wandlungen des Verhaltens in den weltlichen Oberschichten des Abendlandes,* zweiter Band: *Wandlungen der Gesellschaft, Entwurf zu einer Theorie der Zivilisation.* Diese Titel müssen Sie sich zunächst mal buchstäblich auf Ihren Synapsen (entspricht der Zunge beim Essen, diesmal aber fürs Gehirn gedacht, sozusagen die „Gehirn-Zungen") zergehen lassen. Norbert Elias' großes Verdienst besteht u. a. darin, zu zeigen, dass sich Herrschaftsstrukturen auf ganz persönliche Verhaltensweisen, ja sogar auf den Charakter der betreffenden Personen auswirken können. Mit meinen Worten ausgedrückt: Politik kann buchstäblich unter die Haut gehen, manchmal sogar durch den Magen.

Und auf dem höchsten Thron der Welt sitzen wir auch nur auf unserem Arsch.

Michel de Montaigne

Es gibt für alle Zeiten die passenden Formen

Der Körper folgt allein biologischen Gegebenheiten. Designer nennen dies: *Form follows function* – „die Form folgt der Funktion". Die Sache ist aber weit komplizierter, denn der menschliche Körper war immer viel mehr als nur Biologie – er diente auch der Repräsentation. So gab es spätestens seit der Antike klare Kleidervorschriften für bestimmte Schichten – bis heute. Oder glauben Sie wirklich, der Businessanzug, die Uniform unserer herrschenden Klasse, erfüllt einen objektiven Zweck?

Menschen vereinigen in ihrem Körper also Design, Wirtschaft, Banken, Politik, Religion, Erziehung, Sprache und Kultur. Es heißt ja auch nicht von ungefähr: „Kleider machen Leute." Allerdings machen nicht nur Kleider Leute, vielmehr bestimmt das Aussehen unserer Körper unseren Status als Menschen.

Ins Philosophische übersetzt bedeutet dies: *Es gibt für alle Formen Zeiten und Räume, die passen.* Aristoteles sagte: *„[…] das, was in der Zeit ist, wird auch von der Zeit umfasst, so wie auch anderes, was im etwas ist; beispielsweise das im Raum von dem Raum."*

(Physik Buch 4, 12*)*. Das Aussehen eines Körpers beispielsweise lässt sich also nur begreifen, wenn es in eine Zeit und einen Raum fällt, wo es als Teil des schon Vorhandenen erkannt werden kann.

Besserwisser

Gebaute Herrschaft

Das beste Beispiel dafür war das Schloss Versailles. Baulich umgesetzter Absolutismus könnte nicht besser dargestellt werden – *l'état c'est moi:* „Der Staat bin ich" – der König als Mittel- und Bezugspunkt von und vor allem. Dies zeigte sich auch über-all: in der Architektur, in den Hierarchien der Räume, der Kleidung, der Menschen.

Üble Zeugen sind der Menschen Augen, wenn die Seele blind ist.

Heraklit

Auch die Sprache baut Körper

Dass Sprache Wirklichkeit baut, das mag in Ihren Ohren etwas exotisch klingen. Der Linguist Guy Deutscher hat mit *Im Spiegel der Sprache* ein wunderbares Buch geschrieben, worin er plausibel erklärt, dass wir je nachdem, wie wir beispielsweise Farben benennen, sie auch unterschiedlich sehen. Andere Sprachen konstruieren ein ganz anderes Raumgefühl. Eine andere Art zu sprechen provoziert durchaus eine andere Art zu denken. Aus der Psychotherapie kennen Sie das vielleicht: Die Art und Weise, wie ich ein Erlebnis erzähle, beeinflusst meine Gefühle. Ein Beispiel: Als 16-Jährige verbrachte ich ein Jahr in Kalifornien. Die weißweiche Toastbrot-Variante, die beim Frühstück auf meinem Riesenteller landete, nannten die Amerikaner *bread.* Worauf ich entsetzt fragte: „**Das** nennt Ihr tatsächlich **Brot?** Bei uns steht so etwas im Regal der Abteilung für die vierten Zähne."

Mit Humor

Im Internet finden sich die köstlichsten Geschichten und Witze. Als ich meinen Studentinnen und Studenten die Bedeutung der Sprache für die Konstruktion der Macht erklären wollte, benutzte ich zur Illustration u. a. folgende Geschichte:

Ein jüdischer Mitbürger kommt zum Metzger, zeigt geradewegs auf einen Schinken und sagt: „Ich hätte gern diesen Fisch dort." Der Metzger erstaunt: „Aber das ist doch ein Schinken!" Meint der Käufer: „Mich interessiert nicht, wie der Fisch heißt!"

Das rätselhafte Ich

Die alten Griechinnen und Griechen hatten unserer Zeit einiges voraus. Sie wussten über das „Rätsel Mensch" ziemlich gut Bescheid, deshalb redeten sie gerne in Gleichnissen und hatten von jeher eine Affinität zu Sehern und Orakeln. Das berühmteste Orakel im antiken Griechenland hatte seinen Sitz in Delphi und war dem Gott Apollon geweiht. Im Eingang stand ein *Omphalos* („Nabel"), ein Kultstein in Phallosform, der als „Nabel der Welt" galt, da Delphi nach der antiken Vorstellung den Mittelpunkt der Welt bildete. Bis heute weiß allerdings niemand so ganz genau, was sich

eigentlich in dem Orakel abspielte. Böse Zungen behaupten, im Innersten der unendlich schönen Tempelanlage sei es recht heiß hergegangen – und das nicht nur wegen der im Sommer am Fuße des Parnass herrschenden Temperaturen. Hatte man nach dem Aufstieg die als Eintritts- bzw. „Orakelgebühr" fälligen Drachmen oder Naturalien – bei schwierigeren Fragen musste es schon mal ein ganzer Stier sein – hinterlegt, wurde man zur angeblich wunderschönen Hohepriesterin Pythia, der Mittlerin zwischen Apollon und den gewöhnlichen Sterblichen, vorgelassen. Pythia sprach immer nur in Rätseln, die dann von den männlichen Hohepriestern übersetzt wurden.

Man geht heute davon aus, dass sie sich durch das Einatmen äthylenhaltiger Dämpfe, die aus einer Erdspalte aufstiegen, wie auch den Konsum bestimmter Kräuter in Trance versetzte. Sie war übrigens die einzige Frau, die den Apollon-Tempel betreten durfte – überhaupt war das ganze Orakel von Delphi eine Verbindung weiblichen Geistes mit männlicher Kraft …

Doch wie dem auch sei, das Orakel von Delphi ist zwar bis heute nicht völlig erforscht, war aber eine Stätte, von der bis in unsere Gegenwart reichende Einflüsse ausgingen: Ohne das delphische Orakel gäbe es die Geschichte von Ödipus nicht und ohne diesen wiederum wahrscheinlich keinen Komplex von Sigmund Freud. Ohne das Orakel von Delphi sprächen wir heute vielleicht alle Arabisch – denn Alexander der Große wollte 335 v. Chr. unbedingt von der Pythia wissen, ob er seinen geplanten Perserfeldzug antreten sollte oder nicht. Doch die Hohepriesterin vertröstete den schönen Jüngling (wahrscheinlich hatte sie grad keine Lust oder war mit ihrer besten Freundin am Ratschen), worauf der Ungestüme ausrastete und die Pythia an ihren Haaren in den Tempel hineinzerrte, damit sie ihm endlich seine Antwort „channelte". Die Seherin soll aber lediglich gerufen haben: „Lass ab von mir, du bist doch unüberwindlich, Junge!“, worauf Alexander meinte: „Et voilà – jetzt hab' ich meine Antwort.“

Rezept

Wie man wird, was man ist

30 kg Liebe in flüssiger Form
10 kg Humor in günstigen Gebrauchspäckchen
10 kg Bildung vom Herzstück
10 kg Selbstzweifel, gemischt mit Mitgefühl

Die Liebe in flüssiger Form immer am Kochen halten, mit Humor, Bildung vom Herzstück würzen und mit Selbstzweifel, gemischt mit Mitgefühl, abschmecken. Mit viel Sex ergänzen.

Werde, wer du bist!

Doch weshalb erzähle ich Ihnen dies alles – mal abgesehen davon, dass die griechischen Klassiker immer etwas hergeben? Weil der Überlieferung zufolge am Eingang des Apollon-Tempels von Delphi der entscheidende Sinnspruch der Antike zu lesen stand: Γνῶθι σεαυτόν *(Gnóthi seautón)* – „Erkenne dich selbst!“ *Ecce Homo* („Seht, welch ein Mensch“) meinte Friedrich Nietzsche hingegen in plattem Latein und machte diese Selbst-Erkennung ganz bescheiden unter dem Titel *Weshalb ich so weise bin* zu seinem Motto: „Wie man wird, was man ist.“ Egal, was Sie von dem hochbegabten Friedrich denken mögen – und geschenkt, von ihm kann man auch allerhand Böses denken – in puncto Optimierungswahn der Gegenwart kannte er sich aus, bei den alten Griechen übrigens auch. Doch sein „Werde, wer du bist!“ hat was, nicht? Die Betonung liegt auf dem *Werden* und nicht auf dem *Sein.* Nur Tote werden nix mehr …

Blut ist zwar ein besondrer, aber nicht der einzige Saft

Wie oft haben Sie selber schon gesagt: „Meine Freunde sind für mich wie meine Familie"? Wie oft bekamen Sie darauf die Antwort: „Aber Blut ist dicker als Wasser!"? Der Genetiker James Fowler von der Universität von San Diego und der Soziologe Nicholas Christakis von der Universität Yale berichten im Sommer 2014 von erstaunlichen Befunden: Gene entwickeln sich mit dem Umfeld. Nicht nur das: Befreundete Menschen ähneln sich in ihrer Genstruktur. Was war nun zuerst? Die Gene, die uns Menschen zu besseren Freunden machten, oder die Freunde, deren Gene sich unseren anpassten und wir unsere den ihren?
Meine Antwort: „Man muss sich riechen können." Und dies sowohl im übertragenen als auch im wörtlichen Sinn. Wichtig sind diese Erkenntnisse für uns als Frauen, weil sie zeigen, dass nichts, was uns als „natürlich" eingeredet wird, auch natürlich ist – natürlich nicht!!!

Buchtipp

Halbgott gefällig?

Lust, die griechischen Mythen mal auf andere Art als in Gustav Schwabs *Die schönsten Sagen des klassischen Altertums* kennenzulernen? Darf ich vorstellen: Halbgott Percy Jackson, mein großer Held, leider ziemlich schlecht ins Deutsche übersetzt, aber trotzdem lesenswert. Percy Jackson – Diebe im Olymp von Rick Riordan, absolut köstlich, zauberhaft und informativ.

Jeder ist, während er träumt, ein Shakespeare.

Arthur Schopenhauer

Lieber-ich-als-perfekt-Aktion

Hey, Mann! Warum nicht mal das Geschlecht wechseln?

Wenn ich so darüber nachdenke, dann möchte ich einfach mal vier Wochen als Mann leben, weil

1. ich mich stark fühlen möchte.
2. ich mir keine Sorgen um mein Aussehen machen müsste.
3. ich endlich mal richtig viel Kohle verdienen würde.
4. ....
5. ....
6. ....
7. ....
8. ....
9. ....
10. ....
11. ....
12. ....
13. ....
14. ....
15. ....
16. ....
17. ....

Lieber ich
als Porno . . .

6.

Es gibt viele Gründe, auf Porno zu verzichten … indem man genau hinguckt, was einem guttut und was nicht. Ist für Frauen nicht immer einfach. Und nun einmal tief durchatmen … und los geht's. Lassen Sie sich von der Erotik einer Anaïs Nin verführen, entwickeln Sie Ihr eigenes Begehren und machen Sie hoffentlich ein Mal pro Tag das, worauf Sie wirklich Lust haben. Sinnlich entspannt und abenteuerlustig, na dann …

Der Porno-Lebensstil

2014 galt: Wir lieben Fußball, hassen jedoch die FIFA. Wir lieben Sex, hassen jedoch Porno. Das Verhältnis dieser beiden Unterhaltungssportarten ist wirklich ganz ähnlich: Liebe machen macht Spaß, schenkt Lebensfreude und verbindet die Menschen aller Nationen. Sex als globales Geschäft mit dreckigen Begleiterscheinungen verdirbt die Lust auf das Liebe-Machen. Seit dem Fall der Mauer wurde der Sex unter amerikanischer Vorherrschaft total verkommerzialisiert. Sex ist eine käufliche Ware geworden wie Coca-Cola. Die meisten Pornos stammen ja auch aus den USA, sodass man ruhig vom McPornUS sprechen könnte. Glücklicherweise entziehen sich viele Menschen diesem amerikanischen Trend. Sie schauen zwar auch Pornos, aber wenn, dann immer noch etwas verschämt und hinter verschlossenen Türen und nicht wie in den USA in den Colleges, wo das Pornofilme-Gucken zum eigentlichen *Public Viewing* geworden ist. Beim Fußball kann man gegen die FIFA schreiben, reden und agieren und das Spiel trotzdem mögen. Dafür plädiere ich auch in der Porno-Diskussion. Sex, Erotik, Liebe, Austausch, das Zusammentreffen unterschiedlichster Kommunikationsweisen sind zu schön, als dass wir es den zynischen Typen männlichen und weiblichen und dritten oder gar vierten Geschlechts überlassen dürften. Porno mag für manche Leute zum Lebensstil geworden sein. Doch sie merken gar nicht, dass und wie sie daran zugrundegehen. So warnt der Neurowissenschaftler Gary Wilson in seinem großartigen TED-Talk „The Great Porn Experiment" („Das große Porno-Experiment") junge Männer vor exzessivem Porno-Konsum. Dieser macht nämlich auf die Dauer nicht nur süchtig (es müssen immer neue und jüngere Mädels her), sondern auch impotent. Und (meist erst) dann, wenn auf ihr bestes Stück kein Verlass mehr ist, suchen die Männer ihr Heil in Therapien. Was Frauen betrifft, so gilt auch hier: eigenes Begehren, eigene Wünsche herausfinden und nicht einfach alles mit- oder nachmachen, was es gibt. Denn wie bei den Klischees wird auch im Pornobereich den Frauen wenig angeboten, was ihrem Menschsein als Frauen wirklich gerecht wird.

Das Geschäft mit „Menschenfleisch" zahlt sich aus

Die Eros&Amore-Messe 2014 kostet pro Person 20 Euro Eintritt. Auf der Homepage finden sich öffentlich zugängliche Bewertungen: Da schreibt ein gewisser N: „Wir waren als Paar dort, und schon der Eintritt von 40 EUR ist ziemlich happig unserer Meinung nach. Das war unsere 2. Erotikmesse, die wir besucht haben, und wir müssen leider sagen, dass es auch der letzte Besuch sein wird, denn es gibt nichts, was uns noch mal hinziehen wird. Dasselbe 08/15-Angebot zu hohen Preisen. Gute Sexshops sind deutlich besser." Das Erotik- und Pornobusiness blüht trotzdem. Von den USA wird behauptet, ihre einzigen wirtschaftlichen Wachstumsbranchen seien das Porno- und das Waffengeschäft. Dies zeigt, dass Sex vor allem ein Business geworden ist, und genau da liegt das Problem: Wer zwischenmenschliche Beziehungen in klingende Münze umwandelt, nimmt ihnen den Charme, die Vielfältigkeit und das Begehren. Peter Sloterdijk hat dies schon 1983 in seinem unnachahmlich präzisen Buch *Kritik der zynischen Vernunft,* einem eigentlichen Jahrhundertwerk, auf den Punkt gebracht. (Sehr lesenswert, wenn man sich erst mal durch die fünf Vorüberlegungen durchgeackert hat!) Er stellt seinem Kapitel „Sexualzynismus" (2. Band, S. 461) ein Zitat aus Erich Kästners wunderbarem Roman *Fabian* voran: „Die Liebe ist ein Zeitvertreib, man nimmt dazu den Unterleib". Der Sexualzynismus manifestiert sich in der gegenwärtigen Liebeslosigkeit. Die Trennung von Körper und Seele, die ich hier auch schon angesprochen habe, zeitigt schlimmste Konsequenzen. Auf einen sehr verkürzten Nenner gebracht: Wenn Sex in Cash umgewandelt wird, dauert es nicht sehr lange, bis der lebendige menschliche Körper selber zur baren Münze wird. Dieser schreckliche Entwicklungsprozess hin zur Lieblosigkeit kann nur durch das eigene Begehren, das eigene liebevolle Begehren nach Erotik und Sexualität, unterbrochen werden.

Porno verhält sich zur Erotik wie der Leichnam zum lebendigen Körper.

LaStaempfli

Natürlich aus den USA

Freilich kam auch dieser Trend aus den USA. Hollywoodstars wie Oprah Winfrey, Demi Moore (inklusive Tochter Rumer) und Pamela Anderson schwören auf die Kombination Erotik & Gymnastik. Sie realisieren nicht, dass sie damit einer pornografisierten Sexualität huldigen, die Frauen lediglich zum funktionierenden Objekt, aber nicht zur eigentlich Begehrenden machen.

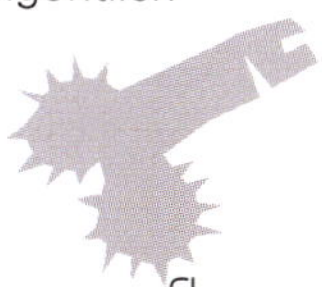

Pornografie im Klassenzimmer

Angesichts des Pornokonsums von Jugendlichen werden die Stimmen immer lauter, die fordern, sexualisierte Werbung zu verbieten. Doch dies greift oft zu kurz. Denn Werbung zu verbieten, ohne den Gesamtkontext mit dem Porno als Business herzustellen, ist ungefähr dasselbe, wie einem Alkoholkranken während dessen Entziehungskur ausschließlich Wodka zu trinken zu geben. Der Pornokonsum der Jugendlichen ist mit der Biologisierung aller menschlicher Zusammenhänge verknüpft. Von dem Moment an, wo wir Menschen vermessen und mehr und mehr als Maschinen betrachten, ist auch der Maschinensex die logische Folge. Pornografie ist eine Frage von Macht. Viele uns übermittelte Informationen sind heute in Bild und Text teilweise sexistischer, als sich die Werber dies je erlauben würden. Kommissionen, die sich mit Porno im Klassenzimmer beschäftigen, sollten den Jugendlichen empfehlen, gute Literatur zu lesen. Beispielsweise Erich Kästners *Fabian* oder Milan Kunderas *Die unerträgliche Leichtigkeit des Seins.* In diesen Romanen finden sich kluge Betrachtungen zur Liebe, zum Sex, zur Erotik und dazu, was mit Menschen passiert, wenn sie sich verkaufen müssen.

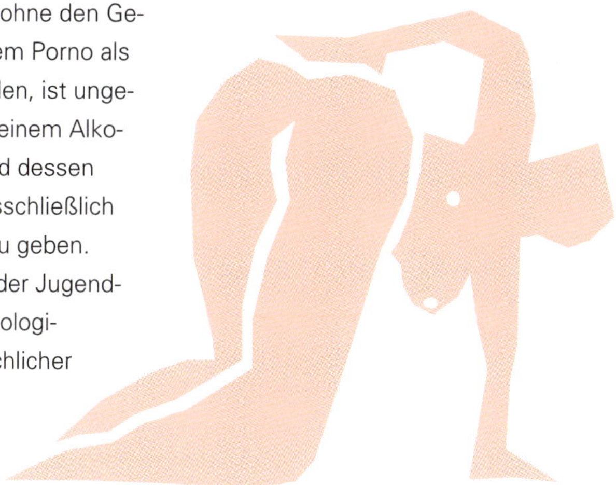

Rezept

Köstliche „Latte erotica"

½ TL Charisma, Eigenausdruck
50 ml körperliches Wohlsein
200 ml Selbstvertrauen

Das körperliche Wohlsein heiß werden und ja nicht abkühlen lassen. Das Selbstvertrauen dazugeben und gut mit Charisma würzen. Alles zum Dating zusammenmischen – am besten während im Hintergrund tolle Musik läuft. Ein Gläschen Weißwein kann auch nicht schaden. Viel Humor mitnehmen, mit viel Lächeln süßen, und fertig ist die *Latte erotica*.

Medien sind pornosüchtig

Zeitungen, Zeitschriften, ja sogar der hochgeistige Deutschlandfunk scheinen eine Präferenz für klassische Frauenberufe wie Stripperin, Callgirl, Escort-Girl zu haben. So wird der Verkauf des weiblichen Körpers regelrecht beworben. Die kürzlich aufgeflammte Diskussion um das Thema „Menschenhandel" belegt das mediale Spektakel, das jedesmal entfacht wird, wenn es um sogenannte Frauenfragen geht. Da werden alle, die sich gegen käuflichen Sex wenden, „als ausgetrocknete Emanzen" verunglimpft, obwohl deren Sexleben von sichtbar mehr Erotik und Begehren geprägt ist als das der als erotisch frei geltenden und sich outenden Sexarbeiterinnen.

Schauen Sie nur genau hin, und Ihr Gefühl sagt es Ihnen klarer als die Verstandesargumente: Frauen, die sich verkaufen, strahlen genau das Unglück aus, das man intuitiv mit dem Würdeverlust assoziiert, den es bedeutet, selbst das Intimste auf dem Markt anzubieten. „Tausche Würde gegen Cash" ist hier immer das Motto.

Hier liegt auch der Trick der Politik: Schlagt einmal mehr auf die „sexistischen" Werbeleute ein, fördert dafür die sexualisierte Berichterstattung im Staatsfernsehen, im Staatsradio, in den postsubventionierten Zeitungen und Zeitschrif-

ten. Mich bringt es zur Weißglut, wenn ich erleben muss, wie sich ultraliberal oder gar „links" gebärdende Zeitschriften hergehen und nichts Besseres zu tun haben, als Prostitution und Porno in hymnischen Artikeln zu feiern. Das Problem an der Pornoindustrie sind nicht nur die simplen „Sex-Sells-Mechanismen" der Werbung, sondern das gesamte Umfeld.

Die Jugend ist besser als ihr (Porno-)Ruf

Entgegen der von den Medien vielfach vertretenen Meinung ist die Jugend – wie wir seinerzeit – ähnlich versaut, respektive naiv wie wir es auch waren. Klar doch: Es wächst eine Generation heran, die genauer über den sexual-technischen Aspekt des Beischlafs Bescheid weiß, als dies bei uns je der Fall war. Doch die Fragen auf der Beziehungsebene bleiben dieselben: „Bin ich attraktiv?", „Wie kann ich lieben?", „Darf ich den anderen enttäuschen, um mir selber treu zu bleiben?", „Wie schütze ich mein Begehren vor den Wünschen anderer?" und vieles andere mehr. Entscheidend werden auch hier die Offenheit, die Neugierde und die Lust an ungewohnten Träumen bleiben. Denn das wichtigste Organ für die Sexualität befindet sich bei allen Menschen erstaunlicherweise nicht zwischen den Beinen, sondern zwischen den Ohren.

Solange Erwachsene den jüngeren Menschen vorleben können, dass Sex lebendig, fantasievoll, gierig, lustig, peinlich, toll, nicht so wichtig, berauschend etc. sein kann, muss man sich um die jüngere Generation nicht sorgen.

Besserwisser

Was ist Porno und was nicht?

Die klare Definition, was Pornografie überhaupt ist, hat sich im Lauf der Geschichte verändert. US-Richter Stewart Potter meinte einmal, dass er, obwohl er Pornografie nicht definieren könne, sie sofort erkenne, wenn er sie sehe (*„I know it when I see it"*). Die Definition der Pornografie durch den deutschen Bundesgerichtshof (BGH) lautet: „Als pornographisch ist eine Darstellung anzusehen, wenn sie unter Ausklammerung aller sonstigen menschlichen Bezüge sexuelle Vorgänge in grob aufdringlicher, anreißerischer Weise in den Vordergrund rückt und ihre Gesamttendenz ausschließlich oder überwiegend auf das lüsterne Interesse des Betrachters an sexuellen Dingen abzielt."
(BGH St 23.44; 37.55)

Erotik: Und wer bin ich?

Lieber-ich-als-perfekt-Aktion

Wer bin ich? Am .... 20........:

Bitte füllen Sie die folgenden Seiten aus.

....

....

Pornografie ist für mich

....

....

....

Sexualität ist für mich

....

....

....

Masturbation ist für mich

....

....

....

Sex ist für mich:

- ☐ Leben
- ☐ Freude
- ☐ Unterhaltung
- ☐ Begehrenszeit
- ☐ peinlich
- ☐ Pflicht
- ☐ Energie
- ☐ Zeitvertreib
- ☐ Traumzeit
- ☐ lustig
- ☐ einfach nur Qual

Meine Sexbarometer:

Lustvoll drauf bin ich, wenn

....

....

....

Was tut mir beim Sex gut, was nicht?

....

....

....

Total stressen tut mich am Sex

....

....

....

Lieber-ich-als-perfekt-Aktion

Mich freut beim Sex richtig, wenn

Entspannung durch Sex heißt für mich

Wenn ich sexuell unglücklich/frustriert bin, rufe ich an

Tel.:

Tel.:

Tel.:

Wen würde ich zum gemeinsamen Gucken eines erotischen Films einladen?

9 gute Gründe für erotisches Begehren

Was uns bewegt, den Weg zum eigenen erotischen Begehren jenseits der Pornografie oder nur mit von uns ausgewählter Pornografie zu beschreiten.

Weil´s lustig ist: *Wieso Frauen immer Sex wollen und Männer immer Kopfschmerzen haben* (Christian Thiel, Südwest Verlag 2014) beschreibt auf sehr lustige Art und Weise die populärsten Irrtümer in Sachen „Beziehungen". Thiel gestaltet das Reden über Sex leicht und erfrischend, und das Buch macht sofort Laune auf Sex, obwohl kein einziger Sextipp drinsteht.

Mehr Offenheit: In der Erotik gilt noch mehr als überall sonst: Das eigene Begehren ist wichtig, und es gibt keine Standardmodelle. Entscheidend ist, sich von all dem Medien-Geschwätz nicht in der Lust an der eigenen Lust beirren zu lassen.

Mehr Naivität: Erotik ist mitunter wohl das einzige Gebiet, auf dem weniger Wissen mehr Sachverstand bedeutet. Nur Biologen und Pornografen schauen mit dem Mikroskop auf den Geschlechtsakt. Alle anderen fühlen ihn …

Mehr Lust. Entgegen anderslautenden Behauptungen bringt Pornografie nicht mehr Lust ins Schlafzimmer, sondern zieht eher welche ab (vor allem bei Frauen). Dies mag daran liegen, dass es echt wenig gute Pornos gibt, oder aber, dass das Schauen das Tun eigentlich erledigt. Daher: Lust ist anders.

Nichts gegen die Missionarsstellung! Wann sonst können Sie Ihrem Partner aus nächster Nähe in die Augen sehen?

LaStaempfli

Mehr Frankreich als Amerika oder Deutschland. Protestantisch geprägte Länder haben in puncto Erotik nicht den besten Ruf … wahrscheinlich zu Recht. Einem Franzosen käme nie in den Sinn zu fragen, ob man mit ihm schlafen wolle. Man tut es einfach.

Weniger ist mehr. *Oversexed and underfucked* („Übersext und zu wenig gevögelt") heißt es. Wir Menschen werden mit Sex so überfüttert, dass wir richtiggehend die Lust verlieren. Hier ist weniger sicher mehr.

Weil's schön macht, sich gut anfühlt … Weniger Pornografie, mehr Erotik – Ihr Esprit und Charme werden es Ihnen danken! Meist hat frau genug im eigenen Kopf, um Erotik fantasievoll aufzuladen. Wenn Sie gerne mehr hätten, dann sind Sie mit erotischer Literatur oder Hörbüchern besser bedient als mit Youporn.

Porno am besten an der Uni. Der einzige Ort, wo Porno wirklich immer passt, ist das akademische Seminar und nicht das eigene Bett.

Neuer Feminismus. Laurie Penny plädiert in ihrem Buch *Fleischmarkt* für einen andere Porno-Ästhetik und verteidigt die Lust der Männer. Sie stellt sich gegen den Pseudofeminismus von *Sex and the City,* den ich schon vor Jahren als überwiegend sexistisches Shoppingdiktat entlarvt habe. Da geht es nicht um die Autonomie der Frauen sondern um deren Warenwerdung. Sobald man dies erkannt hat, verknüpfen sich Erotik und politisches Bewusstsein.

Eigene Wahl treffen. Nicht jede Wahl im Kapitalismus ist gut. Wenn ich beispielsweise Wasser trinken möchte, aber nur Fanta oder Cola zur Auswahl habe, wird mein Durst nicht gestillt. Dies gilt ebenso für den Sex, denn es gibt leider kaum gute Pornos für Frauen.

Sex ist kein Pornostreifchen. Mainstream-Pornos bieten meist nur einen Marathon von Penissen, Dauer-Penetration und ständigen Stellungswechseln dar (das gilt übrigens auch für Homo- oder Lesbenpornos). Die Missionarsstellung sieht man aus einem einfachen Grund nie: Weil die Kamera dabei nichts sähe! Immer mehr Leute aber beginnen Sex zu haben, als stünden oder lägen sie vor der Kamera … und verpassen dabei meist den Blick auf das erotischste Organ von Partner oder Partnerin: das Gesicht.

Sex ist keine Ware. Ist mein Körper mein Kapital, dann ist der *Kaufmann von Venedig* nicht mehr weit. Wer Sex kauft, verschleudert damit letztlich die Menschenwürde und huldigt einem Utilitarismus, dem alles auf der Welt nur noch als Mittel zum Zweck der Befriedigung seiner eigenen Bedürfnisse gilt.

Diskussion satt: Seit über 200 Jahren vermischen sich Pornografie und Prostitution mit dem Willen der Menschen zur Freiheit. Dies nur, weil gleichzeitig mit der modernen Revolution gegen Staat und Gesellschaft auch die jeweiligen sexuellen Vorlieben der Revolutionäre plötzlich politisch wurden. Dies führte zu einer Verwirrung, die bis heute anhält. Noch heute glauben die meisten denkenden Menschen, wer Porno verabscheut, sei unfrei. Oder verklemmt. Doch oft ist gerade das Gegenteil der Fall.

Besserwisser

Sex sells Sex

Der Umsatz des deutschen Pornomarkts wird auf 1,9 Milliarden jährlich geschätzt. Weltweit rechnet man mit 45 Milliarden Euro pro Jahr. Der Anteil von Frauen soll bei ungefähr 30 Prozent liegen – gesicherte Zahlen gibt es nicht.

Lieber-ich-als-perfekt-Aktion

Erotik bitte! Warum ich?

Wenn ich so darüber nachdenke, dann möchte ich einfach mal vier Wochen voller Erotik leben, weil

1. es mir ein Lächeln auf die Lippen zaubert.
2. Anaïs Nin recht hat.
3.
4. ....
5. ....
6. ....
7. ....
8. ....
9. ....
10. ....
11. ....
12. ....
13. ....
14. ....
15. ....
16. ....
17. ....

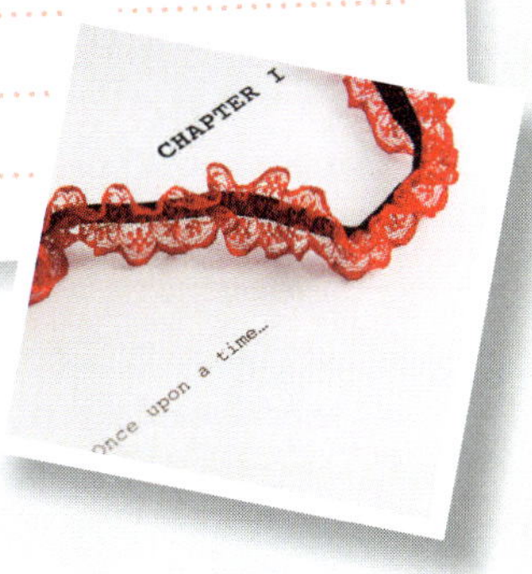

Tun statt quatschen

Nichts ist schädlicher für guten Sex als zu viele Sex-Tipps. Die in den Medien verbreiteten „Wahrheiten" über Sex haben viel mehr mit den jeweiligen Chefredaktorinnen und Journalisten zu tun als mit dem Thema Sex. Jeder Mensch, der über Sex schreibt, recherchiert, Bücher publiziert, redet in Wirklichkeit über sich selber. Wer dies einmal erkannt hat, kann alle Hinweise, was Sex oder Erotik denn überhaupt seien, auf den Müll werfen und sich seinen eigenen Weg suchen. Es ist so wie ein Buch zu schreiben. Gute Bücher entstehen nur durchs Schreiben, Lesen und eigene Fantasie.
Dies ist bei gutem Sex nicht anders, wobei man – wie bei Büchern – immer darüber diskutieren kann, was denn überhaupt „gut" ist.

Literatur und Sex sollte man aber nie zerreden. Auch hier gilt: Tun ist besser als quatschen!

Eine Seite Sex für einen Dollar

1940 war es in N.Y. kalt und düster, man hatte kaum zu essen und noch weniger zu trinken. Einer der begabtesten Schriftsteller seiner Zeit, Henry Miller, schrieb für einen Privatsammler erotische Erzählungen. Eine Seite brachte ihm einen Dollar ein. So entstanden Millers Erotika, die in Deutschland von 1988-1993 als jugendgefährdende Schriften indiziert waren. Im *Opus Pistorum* lässt er seinen Penis schreiben und verwendet teils absurde Formulierungen, was die meisten Kritiker zu Hymnen bezüglich der literarischen Qualität der Schriften verleitet. Dabei war Miller stinkesauer über diesen Auftrag. Er empfand Schreiben auf Befehl als Selbstverstümmelung. „Weil das Bewusstsein, dass ein Voyeur durchs Schlüsselloch späht, seinen fantastischen Abenteuern alle Unmittelbarkeit und Vergnüglichkeit raubt", schrieb Millers enge Freundin Anaïs Nin dazu. Henry Miller machte sich aus Finanznot trotzdem an die ihm verhasste Sex-Schreib-Arbeit und fand mehr und mehr Gefallen daran. Bald schrieb er die absurdesten Geschichten und verdiente gutes Geld damit. Ärgerlich fanden sowohl Miller als auch Anaïs Nin, dass der Privatier immer krudere Sachen verlangte. Der Sammler mochte die Poesie der Sprache, die philosophischen Betrachtungen, die Erzählungen um den Sex herum nicht besonders. Der Auftraggeber wollte eigentlich nur eines: Sex. Da war er aber bei Miller eigentlich an den Falschen geraten, denn Millers detaillierte Schilderungen von Sex dienten eher dazu, das von Miller als verlogen und falsch empfundene bürgerliche Wertesystem zu entlarven. Dem wollte Miller mit seinen Texten nüchterne, aber individuelle Poesie entgegenstellen, was ihm verständlicherweise nicht wirklich gelang. Denn Sex, nüchtern beschrieben, unterscheidet sich nicht wirklich von unpoetischem Sex.

Die Empörung der Anaïs Nin

Als Anaïs Nin – ebenfalls nur zum Zweck des Geldverdienens – begann, den Auftrag, eine Seite Sex für einen Dollar, für Henry Miller zu übernehmen, beklagte sich der Geldgeber sofort über die „zu erotischen und zu sinnlich-poetischen" Einlagen. Die Wut, die Anaïs Nin über diese Reduktion der Erotik auf den Geschlechtsakt empfand und schilderte, gehört bis heute zum Besten, was jemals über Sex geschrieben wurde. Sie entlarvte den Pornografen, der immer schrie: „Mehr, härter und steifer!", als durch und durch frustrierten alten Sack. „Ich bin sicher, dass der alte Mann von den Seligkeiten, Verzückungen, blendenden Rückstrahlungen geschlechtlicher Begegnung nichts weiß", schreibt sie im Vorwort zu ihrem unvergleichlich schönen Buch *Das Delta der Venus.* Anaïs Nin wusste, dass klinisch betriebener Sex jede euphorische Begleiterscheinung und atmosphärische Veränderung in der erotischen Begegnung verhindert.

Anaïs Nin hasste es, bei ihrer Sex-Schriftstellerei auf ihr wichtigstes Aphrodisiakum verzichten zu müssen – auf die Poesie. Ihre Schrift ist ein einziges Plädoyer gegen die idiotischen Sex-Talks online, im Fernsehen oder in den unterschiedlichsten Blättern. Anaïs Nin schreibt in ihren Tagebüchern (die erst nach ihrem Tod veröffentlicht werden durften) aus der Zeit dieser Sex-Schriftsteller-Sklaverei, wie sehr sie die zynische Fratze ihres Auftraggebers verachtete: „Sehr geehrter Sammler! Wir hassen Sie. Das Geschlechtliche verliert alle Macht und Magie, wenn es überdeutlich, übertrieben, mechanisch dargestellt, wenn es zur fixen Idee wird. Es wird stumpfsinnig."

Mehr Soso-lala statt Cosmo

Die Frauenmagazine für junge Frauen machen sich sich gegenseitig mit ihren Mengen an intimen Details und Sextipps den Rang streitig. So rauben sie den jungen Frauen jedes Gefühl für Sex. Einzig die französische Zeitschrift Marie-Claire bemüht sich ehrlich, Fantasie, Verstand und die poetische Textur des Sexuellen in ihre Artikel zum Thema Sex einzuweben. Wer mit dem unerbittlichen Kamerablick in die intimsten Sphären des menschlichen Körpers reist, nimmt nicht nur dem Sex, sondern dem Menschen insgesamt jede Poesie, Liebe und Vorstellungskraft. Eine junge Medizinstudentin erzählte mir, wie sie nach dem Studium der Sexualorgane und der biochemischen Details während des Sexualakts die Lust auf Sex regelrecht verloren hatte. Sie war sehr betrübt darüber, dass sie im Gegensatz zu früher Sex nun nur noch als Biomechanismus empfand, aber als nichts anderes mehr. Sie überwand diese Krise mit Poesie. Mit Schilderungen erotischer Begegnungen, die weit mehr waren als der Akt und bei denen der Akt nur einen Teil der Erzählung bildete. Auch hier ist der Kontext entscheidend. Sextipps sind für die Entwicklung eines erfüllten Sexuallebens ebenso sinnvoll, als stünden Sie vor allen Lebensmitteln eines 5-Sterne-Menüs, hätten aber keine Ahnung, was mit welcher Konsistenz, mit welcher Koch-Erzählung zusammengehört. Für guten Sex gibt es kein Rezept, sondern nur die Vorstellung, die Poesie und die Fantasie. Kein Mensch hat dieselbe Textur, Positionen ändern sich immer wieder – je nach Beleuchtung, Gesten und Temperatur. Jede Liebende kann sich beim Lieben alle Lexika dieser Welt über Sex zu eigen machen.

Sextipps sind meist Anleitungen für schlechten Sex.

LaStaempfli

Nur weil ich fühle, bin ich

Lange Zeit galt der Kopf als König aller Körperteile. Doch allmählich findet auch das Herz seinen Platz. Dabei meinte schon Immanuel Kant sinngemäß, Intelligenz sei nie nur eine Frage des Geistes, sondern auch eine des Herzens. Wie recht er hatte, belegt der wunderbare Neurologe Antonio Damasio. Ohne Emotionen ist der Mensch kein Mensch mehr. Wer von seiner

Gefühlswelt abgeschnitten ist, ist auch vom Leben abgeschnitten. Übertragen wir diese Erkenntnisse auf die Sexualität, so gilt nicht nur für Frauen, sondern auch für Männer, dass die Trennung von Sex und Gefühlen wahrscheinlich die menschliche Erfahrung von Sex zunichte macht. In der Pornografie ist das deutlich sichtbar: Hier werden Gefühle nur simuliert, was die betreffenden Menschen langfristig vom Leben abschneidet und sie in Depressionen abrutschen lässt. Dies entspricht auch der Erkenntnis des bereits erwähnten Gary Wilson in seinem TED-Talk über das große Porno-Experiment („The Great Porn Experiment").

Perversionen, wo man sie nicht erkennt

Das Wort „pervers" geriet durch das Französische in unseren Sprachgebrauch, weshalb ich auch die Definition aus dem Französischen übernehme, die klarer ist als Dudens Herkunftswörterbuch, das „pervers" mit „entartet" gleichsetzt. *„Changement de bien en mal, corruption"* umschreibt es das Sprachinstitut CNRTL, das mit europäischen Geldern unterstützt wird. Pervers ist also die Umwandlung von etwas Gutem in etwas Schlechtes. Ich finde diese Erklärung sehr passend, vor allem wenn wir, wie kürzlich von Lars von Trier, Kunstfilme wie *Nymphomaniac* vorgesetzt kriegen. Dort filmt von Trier in einer Szene das Totenbett des Vaters der Heldin durch ihre Schenkel, an denen ein Tropfen ihrer Feuchtigkeit hinunterrinnt. Lars von Trier macht damit den Sex und den Tod zum eigentlichen Tauschakt zwischen Neigungsgruppen. Das ist im wahrsten Sinne pervers, denn es geht um das Propagieren einer von allen Gefühlen entkleideten, sterilen Welt. Was einige als pornografischen Streifen kritisiert haben, ist in meinen Augen ein Film über die unsägliche Einsamkeit des postmodernen Menschseins. Erstaunlich, dass diese Hintergrundgedanken zur Pornografie in der Öffentlichkeit nie diskutiert werden – wohl deshalb, weil sie dem Porno-Business schaden könnten?!

Ein Hohelied der Liebe

Der Philosoph Alain Badiou hat unter dem Titel *L'Eloge de l'amour* eines der schönsten Gespräche über die Liebe veröffentlicht. Lustig, dass der hymnische Lobpreis der Liebe in der deutschen Übersetzung von „Eloge" zum schlichten „Lob" wird und dabei schon etwas an Magie verliert, was wohl nicht nur zufällig ist. Alain Badiou plädiert wie ich für alle poetischen Aspekte von Liebe. Nicht der Akt, die Lebensform, die klaren Regeln sind dabei entscheidend, sondern die Erzählung, das Imaginäre, die Fantasie, das Geheimnisvolle. Badiou zeigt, wie Liebe heutzutage fast unmöglich gemacht wird. Und zwar einerseits durch ein völlig autistisches Sicherheitsdenken, eine Art „Vollkaskoversicherung der Liebe", die sich beispielsweise im wissenschaftlichen Diskurs in Studien wie *Die Mathematik der Liebe* oder *Liebe ist nur Chemie* manifestiert. Andererseits ist die Liebe auch durch den ausschließlich am schnellen Genuss orientierten Lebensstil bedroht. Und in meinen Augen kommt noch etwas hinzu: Wer Sex beispielsweise vor allem aus Gesundheits- und Schönheitsgründen propagiert, entkleidet den Akt jeder Schönheit und beraubt die Menschen damit ein Stück weit ihrer seelischen Gesundheit. Also: Ein Hohelied auf die Liebe, die sich vor allem in Poesie ausdrücken kann!

Liebe kennt kein Alter, Sex schon

Es gibt keine Lebensphase oder menschliche Beziehung, die ans Alter gebunden wäre. Wir haben bis hierhin gelernt, dass Vernunft kein Geschlecht hat, Schönheit kein Alter hat, Denken kein Alter hat und die Lebensqualität ebenso wenig. Ich mache eine Ausnahme und verorte hier auch gleich die Schwierigkeit dieser Aussage: Sex könnte ein Alter haben, in dem Sinn, dass verschiedene Lebensphasen andere Texturen poetischer Entfaltung mit sich bringen. Das Problem dabei ist, dass alte Männer seit Jahrzehnten nicht nur die Macht über Geld, Wissenschaft, Politik und Kultur haben, sondern damit auch über die Definition von Sexualität. Dass dies nicht gut sein kann für alle Menschen, zeigen die unsäglichen Missbrauchsfälle in der katholischen Kirche. Ich bin der Ansicht, dass jede Generation frei sein und immer wieder neu herausfinden sollte, was denn ihr eigenes erotisches und sexuelles Begehren ausmachen könnte. Doch infolge der Ungleichverteilung der Ressourcen können die alten, meist weißen Männer stattdessen ihre Lüste allen anderen Menschen aufpropfen. Das erklärt die Erfindung von Viagra, das erklärt die Konzentration beim Sex auf den Orgasmus, statt auf den Sex an und für sich. Jedes Lebensalter hat ein Recht auf ganz eigene Vorstellungen von Erotik und Sex, und wir alle sollten uns gegen die monetäre Vorrangstellung einer gewissen unappetitlichen Schicht zur Wehr setzen. Die Verführungskraft der Vorstellung, mit Geld alles – auch Liebe – kaufen zu können, ist jedoch nicht zu unterschätzen, und das erklärt viele tragische Phänomene der Gegenwart. Doch wie gesagt: Die Menschen sind immer viel besser, als die Medien sie darstellen.

Besserwisser

Unzureichend geschützt unter dem Dach der Kirche

Der Vatikanstaat hat von allen europäischen Staaten das niedrigste Schutzalter für Kinder: Es liegt dort bei 12 Jahren, in Deutschland und Österreich dagegen bei 14 und in der Schweiz bei 16.

Guter Porno?

Das Fragezeichen ist berechtigt. Denn die meisten Pornos werden für Männer gedreht und nicht für Frauen, und sie machen die meisten Frauen auch nicht wirklich an. Zudem weiß ich von Freundinnen, dass Männer, die viele Pornos schauen, nicht wirklich gut im Bett sind, was darauf schließen lässt, dass Pornos auch nicht als „Gebrauchsanleitungen" taugen. Es gibt auch viele Männer, die sich von dem völlig verzerrten und oft gewalttätigen Bild von Sex abgestoßen fühlen. Selbstverständlich haben Frauen – gerade in den westlichen Ländern – Unterwerfungsfantasien. Doch man braucht wirklich nicht den IQ eines Albert Einstein zu haben, um zu erkennen, dass es einen Unterschied zwischen Fiktion und Realität gibt und

nur die wenigsten Frauen echte Schmerzen wirklich als lustbringend empfinden. Sex ist im Porno meist nur Ware und insofern eher unerotisch, distanziert. In Pornos dominieren auch Klischees: Frauen haben dem Mann gefügig zu sein. Sogar der Sex von Frau zu Frau ist eher für den Männer- als für den Frauenblick konzipiert. Deshalb: Wenn Sie gute Pornos für Frauen kennen, tauschen Sie sich unter Freundinnen aus. Dann kann auch ich das nächste Mal, wenn ich über „guten“ Porno schreibe, statt des Fragezeichens einen Doppelpunkt setzen. Es könnte jedoch auch sein, dass „guter Porno“ so häufig vorkommt wie ein schwarzer Schimmel ...

Gut oder schlecht: Auch beim Porno entscheiden der Zusammenhang und die Interpretation, was bedeutet: Jede Position kann immer wieder neu, anders oder überhaupt nicht besetzt werden.

Besserwisser

Tabubrecherin oder eiskalte Geschäftsfrau?

Die knallharte Unternehmerin Beate Uhse war Pilotin, bis auch ihr nach dem 2. Weltkrieg von den Besatzungsmächten das Fliegen verboten wurde. Sie gründete unter ihrem Namen den ersten deutschen Sexshop und erhielt dafür 1989 das Bundesverdienstkreuz am Bande. Das Unternehmen ist inzwischen börsennotiert und floriert auch 13 Jahre nach Frau Uhses Tod noch weiter.

Die Geschlechtsorgane sollten tendenziell nicht lauter sprechen als das Ding zwischen den Ohren.

LaStaempfli

Porno zementiert längst überkommene Geschlechter-Stereotypen

Trug die Pornografie in den letzten Jahrhunderten wenigstens ansatzweise einen Kern von Aufklärung und Befreiung in sich, wohnt der modernen Pornografie davon nichts mehr inne. Längst ist auf Youporn kein Funke der ehrlichen Begeisterung mehr sichtbar, sich von Hemmungen und sexuellen Tabus zu befreien, vielmehr sind die Tabus augenzwinkernd so inszeniert, dass sie nur noch so tun, als wären sie wirkliche Tabus. Die Austauschbarkeit von Menschen, Träumen und Säften wird in Cash umgewandelt und zementiert ein Menschenbild, das vor allem dem Kapitalismus dient. Peter Sloterdijk stellte dies schon 1983 im zweiten Band seiner *Kritik der zynischen Vernunft* fest mit folgenden Worten: „Der Zynismus unserer Titten- und Schenkelpresse besteht keineswegs darin, dass sie mehr oder weniger hübsche nackte Frauen der allgemeinen Betrachtung aussetzt, sondern dass sie damit unablässig überholte Geschlechterverhältnisse restauriert und mit hohen Graden an Bewusstheit auf raffinierte Verblödung hinarbeitet." (Seite 488)

Pussy Riot und Femen – Porno oder Politik?

Die als obszön empfundene Selbstinszenierung von Pussy Riot und Femen fordert die meisten Frauen zu einer Stellungnahme auf. Einige Zeit war ich völlig unsicher, ob ich es nun gut finden sollte, dass ausgerechnet der weibliche Körper wieder als Botschaft herhalten soll, selbst wenn es eine wichtige und demokratische Botschaft ist. Doch bei längerem Nachdenken wird mir klar, wie wichtig Femen und Pussy Riot sind. Die Pussy Riot beispiels-

weise legen mit ihren drastischen Aktionen die Perversion unserer kapitalistischen Systeme offen, die von Freiheit schwärmen, den Großteil der Menschen jedoch in Slums befördern. Mit: „Fickt die Sexisten, die verfickten Putinisten!" stürmten die Pussy Riot 2013 eine Modeschau und zündeten Brandpulver. Die deutschen Feuilletonisten empfanden dies als Krieg gegen das Establishment, den Staat und die Polizei. Dies ausgerechnet in einem Staat, in dem Establishment und Polizei jede Meinungsfreiheit unterdrücken. Seltsame Begriffsverwirrung. „Wahre Anerkennung kann ein Mensch aus der Kultur nur erlangen, indem er sich dem Regime entgegenstellt, in dem er ins Gefängnis geht und verfolgt wird", analysierten die Pussy Riot während ihrer Untersuchungshaft. Recht haben die jungen Frauen, aber ob ihnen auf lange Sicht auch Recht widerfahren wird?

So oder so: Femen und Pussy Riot haben viel mehr mit Politik zu tun als mit Porno, während in den Regierungen manchmal das genaue Gegenteil zutrifft.

Liebesaffären zwischen Erotik und Imagination

Erinnern Sie sich noch an Ihren ersten Kuss? Meiner war mit einem Schweden in einem Club während der Sommerferien in Italien und schmeckte nach viel mehr … was selbstverständlich auch passierte. Das beste Kuss-Lied stammt nach wie vor von Prince: *You don't have to be rich to be my girl.* Wer viel küsst, weiß: Jeder schmeckt anders. Immer. Was man beim Sex manchmal nicht behaupten kann. Meine Nichte meinte erst kürzlich, sie finde Küssen viel intimer als Sex. Was uns dies lehrt? Im Küssen offenbart sich ein Geheimnis, dem man mit Tipps nicht begegnen kann.
Egal, wie gut Sie küssen: Entweder es schmeckt oder nicht. Als Studentin wohnte ich in einer Mädels-WG mit der offenbar „heißesten Frau" ganz Berns. Wie es so ist, gab es auch den „coolsten Typen", und beide beschlossen irgendwann, miteinander ins Bett zu gehen. Das Erstaunliche: Der Sex war o.k., allerdings längst nicht so, wie man es sich bei diesem Stier und der Kanone im Bett gedacht hätte, doch beide gaben anschließend zu Protokoll: „Er/Sie kann echt nicht küssen!" Im Kuss verdichten sich Erotik und Imagination, deshalb klingt der Kuss in allen anderen Sprachen – außer im Englischen und Deutschen – wie eine Verheißung: *Bisou, Bacio, Filakia, Beso, Pozeluj, Suudelma, Schmatz* u. a. Doch am schönsten klingt der Kuss immer noch auf Bärndütsch: „GI MÄR ÄS MÜNTSCHI" – „Gib mir ein kleines Mündchen". Das gebe ich Ihnen, liebe Leserin, mit auf dem Weg für Ihren erotischen Alltag und abenteuerliche Ausflüge.

Mein erotisches Ich

Probieren Sie es doch einmal aus – das Erotischsein. Was macht Sie an?

Meine Ideen:

Lieber-ich-als-perfekt-Aktien

Besserwisser

Fake it till you make it

„Tu so als ob, der Rest kommt von selber", würde ich das Sprichwort „*Fake it until you make it*" deuten. Wer sein Verhalten ändert, ändert auch seine Einstellung dazu und umgekehrt. Deshalb kann es wirklich von Nutzen sein, so zu tun als ob. Sie sind etwas übergewichtig? Gehen Sie wie eine spindeldürre Ballerina. Sie haben zu kleine Brüste? Schlendern Sie wie Sophia Loren zur angesagten Gelateria. Sie sind eher klein gewachsen? Imaginieren Sie eine Giraffe – *et voilà*. Probieren Sie es. Nützt es nichts, schadet es nichts. Aber glauben Sie mir: Ich hab' dies schon ausprobiert – und es funktioniert!

Schreiben
Sie's auf!

7.

Dieses Buch ist der beste Beweis: Wer denkt, schreibt, arbeitet, liebt und lacht, ist schöner und hat definitiv mehr Lebensfreude und ähm, ja, mehr Sex. Denken Sie weiterhin assoziativ und kreativ, ich lebe davon. Bewegung im Hirn bringt Bewegung ins Leben. Also: Schreiben Sie es auf …

Das Lieber-ich-als-perfekt-Tagebuch

Nehmen Sie sich täglich ein paar Minuten Zeit und schreiben Sie auf, wie Sie sich fühlen, was Sie verändert haben, welche schönen Gedanken Sie hatten, was Ihnen aufgefallen ist, was nicht, wo ich recht habe, wo nicht und was Neues in Ihr Leben gekommen ist. Wenn man täglich aufschreibt, was man denkt, dann weiß man sehr bald sehr viel mehr von sich. Lesen, schreiben, denken: Tun Sie täglich etwas für Ihr Wohlbefinden!

Mein Lieber-ich-als-perfekt-Turbo

Listen sind wunderbare Co-Piloten, die uns das Leben erleichtern. Meine Listen sind in unserer Familie legendär. Ich hab' mir schon eine Listen-Ausstellung überlegt. Am liebsten ist mir meine NOT-TO-DO-Liste. Versuchen Sie es doch mit mir. Hier folgt eine Abhak-Liste mit allem, was in einem „Lieber-ich-als-perfekt-Leben" keinen Platz mehr hat.

Lieber-ich-als-perfekt-Aktion

Meine Not-to-do-Liste:

- [ ] sich über die eigene Mutter ärgern
- [ ] perfekt schminken
- [ ] andere Frauen kritisieren
- [ ] sich selber hassen, weil es wieder nicht für Sport gereicht hat
- [ ] die Kinder anschreien
- [ ] die Kinder nicht anschreien
- [ ] dumme Menschen wählen
- [ ] in den Spiegel schauen und kurz was Schlechtes denken
- [ ] sich mit einem alten Feind zu versöhnen versuchen
- [ ] im Streit mit dem blöden Chefredaktor (wahlweise Kollegin, Ehemann, Freundin, Hund) sich selber die Schuld geben
- [ ] immer genau wissen, was zu tun ist
- [ ] jeder Frau sofort ihr Kilogewicht ansehen
- [ ] grimmig dreinschauen
- [ ] die Schönheit um sich herum gar nicht mehr zur Kenntnis nehmen
- [ ] eine Diät machen, bei der man schon nach einer halben Stunde hungrig ist
- [ ] den eigenen Namen wechseln
- [ ] den eigenen Namen behalten
- [ ] Geburtstage feiern

X

- [ ] andere Frauen fragen, wie alt sie sind
- [ ] andere Frauen fragen, ob sie ihre Haare färben würden
- [ ] andere Frauen fragen, ob sie rasiert sind
- [ ] andere Frauen fragen, ob sie abgenommen haben
- [ ] anderen Frauen Diätbücher schenken
- [ ] vor Dritten über andere Frauen herziehen
- [ ] besorgt „Wie geht es Dir?" fragen
- [ ] als Erstes sofort ein Manko am Gegenüber entdecken („Du hast Spinat zwischen den Zähnen!")
- [ ] bei Hannah Arendt einen leeren Gesichtsausdruck haben
- [ ] nicht wissen, wo die Ukraine liegt
- [ ] gegen Frauenquoten sein
- [ ] für Männerquoten sein
- [ ] allgemeine Aussagen wie: „Für ihr Alter ..."
- [ ] dieses Buch nicht weiterempfehlen

Und was steht bei Ihnen sonst noch auf einer NOT-TO-DO-LISTE?

Das lohnt sich täglich:

- [ ] ein cooles Zitat für den Tag
- [ ] Bewegungsrunde
- [ ] viel trinken
- [ ] herzlich lachen
- [ ] einmal rumstolzieren, als schritten Sie auf dem roten Teppich zu Ihrer Oscar-Verleihung

Lieber ich doch mal …

Tag 1

Wann habe ich völlig quergedacht?

Ich fühlte mich gut, als ich …

Einen negativen Gedanken über mich selber werde ich morgen mal ersetzen durch:

Was habe ich Neues ausprobiert?

Was erhoffe ich mir von der nächsten Zeit?

Lieber ich doch mal ...

Tag 2

Meine vielen kleinen Bilder-Momente heute:
Was habe ich gesehen, was wichtig war?

Was stresste mich?

... für heute kleb' ich mir dieses Bild als Tagesmotto ein:

Hab' ich etwas Neues entdeckt?

„Lieber ich als perfekt" heißt für mich heute ...

Lieber ich doch mal ...

Tag 3

Meine vielen kleinen LIEBER-ICH-ALS-KLISCHEE-Momente:

Welche positiven Frauenbilder haben mir gefehlt?

Was hat all die Werbung mit mir angestellt?

Was habe ich Neues gesehen und ausprobiert?

„Lieber ich als perfekt" heißt für mich heute ...

Lieber ich doch mal ...

Tag 4

Meine vielen kleinen Feelgood-Momente beim
Nachdenken über Frauen, Körper und Politik:

Mir fehlen noch ...

Diese Fragen sind mir noch nicht beantwortet:

Habe ich heute eine neue Schrift in meinen Körper gelegt?

Wie fühle ich mich heute körperlich?

Welche Denk-Hürden habe ich bislang schon gemeistert?

Lieber ich doch mal …

Tag 5

Das hat mich gefreut:

Das hat mich genervt:

Das werde ich morgen anders machen:

Welche Gewohnheit ist wie ein alter Bekannter, der immer wiederkommt, obwohl ich ihn gar nicht so mag?

Wie blickt mir mein Spiegel entgegen?

Wie kann ich mich heute für mich begeistern, und wie will ich abends relaxen?

Lieber ich doch mal …

Tag 6

Wie bin ich heute Morgen aufgestanden?

Was habe ich diese Nacht geträumt?

Mein Büro-Outfit werde ich mal ersetzen durch:

Welche Idee habe ich heute ausprobiert?

Wie fühle ich mich heute körperlich?

Wenn ich etwas zum Thema „Die Leichtigkeit meines Seins"
niederschreiben müsste, was käme mir dann in den Sinn?

Lieber ich doch mal ...

Tag 7

Meine vielen kleinen Feelgood-Momente:

An welche Träume erinnere ich mich?

Die Spiegel-Bestseller-Liste ersetze ich durch:

Welche Musik habe ich heute gehört?

Welches neue Denken und Handeln oder Verhalten
tut mir richtig gut, was behalte ich bei?

Lieber ich doch mal …

Tag 8

Meine vielen kleinen Feelgood-Momente:

Welches Buch möchte ich heute lesen? Oder welches Magazin? Oder welchen Film gucken?

Was fand ich heute wieder mal typisch:

Wer hat mir heute Freude gemacht?

Welche Freundinnen tun mir gut, welche stressen mich:

Lieber ich doch mal …

Tag 9

Meine vielen kleinen Feelgood-Momente:

Wann war ich heute nicht perfekt und fand es toll?

Erotisch war sicher:

Welche Bilder sind mir heute in den Sinn gekommen?

Welches neue Denken und Handeln oder Verhalten tut mir richtig gut, was behalte ich bei?

Lieber ich doch mal …

Tag 10

Meine vielen kleinen Feelgood-Momente:

Fühle ich mich schön?

Mir ist wohl in meiner Haut, weil

Vieles fällt mir viel leichter:

Ich bin unbeschreiblich weiblich. Was tut mir dabei richtig gut, was behalte ich bei?

Anhang

Bücher, die weiterhelfen

Mehr von Regula Stämpfli

Die Vermessung der Frau. Von Botox, Hormonen und anderem Irrsinn, Gütersloher Verlagshaus, Gütersloh 2013

Die Macht des richtigen Friseurs. Über Bilder, Medien und Frauen, Bartleby, Brüssel 2008

Vom Stummbürger zum Stimmbürger. Das Abc der Schweizer Politik, Orell Füssli, Zürich 2003

Mehr von Marion Grillparzer

GLYX-Kompass. Mit über 800 Lebensmitteln, GU Verlag, München 2009

Fit & schlank mit dem Mini-Trampolin, Südwest Verlag, München 2013

myBook – I feel good, Südwest Verlag, München 2012

myBook – Drei echte Kilo weg, Südwest Verlag, München 2012

Mehr zu Philosophie, Körper, Politik und Geschichte – Leichte Kost:

Alain de Botton, *Trost der Philosophie, Eine Gebrauchsanweisung,* S. Fischer, Frankfurt/Main 2001

Laurie Penny, *Fleischmarkt. Weibliche Körper im Kapitalismus,* Edition Nautilus, Hamburg 2012

Richard David Precht, *Wer bin ich und wenn ja, wie viele? Eine philosophische Reise,* Goldmann, München 2007

Paul Watzlawick, *Anleitung zum Unglücklichsein,* Piper, München/Zürich 2007

Mehr zu Philosophie, Körper, Politik und Geschichte – Hardcore:

Hannah Arendt, ***Vita activa oder Vom tätigen Leben***, Piper, München und Zürich 2006 (1. deutschsprachige Auflage 1967)

Ruedi Baur, ***Das Gesetz und seine visuellen Folgen / La Loi et ses Conséquences Visuelles,*** Lars Müller Publishers, Wettingen 2005

Hartmut Böhme, ***Fetischismus und Kultur.*** *Eine andere Theorie der Moderne,* Rowohlt, Reinbek bei Hamburg 2006

Christa Maar und Hubert Burda (Hg.), ***Iconic Turn.*** *Die neue Macht der Bilder,* DuMont Buchverlag, Köln 2004

Hans Belting, ***Bild-Anthropologie***. *Entwürfe für eine Bildwissenschaft,* Wilhelm Fink Verlag, München 2001

Antonio Damasio, ***Selbst ist der Mensch.*** *Körper, Geist und die Entstehung des menschlichen Bewusstseins,* Pantheon Verlag, München 2011

Norbert Elias, ***Über den Prozess der Zivilisation.*** *Soziogenetische und psychogenetische Untersuchungen.* Erster Band: ***Wandlungen des Verhaltens in den weltlichen Oberschichten des Abendlandes;*** Zweiter Band: ***Wandlungen der Gesellschaft. Entwurf zu einer Theorie der Zivilisation,*** Suhrkamp, Frankfurt/Main 32. Auflage 2010

Boris Groys, ***Die Kunst des Denkens,*** Philo Fine Arts, Hamburg 2008

Philipp Sarasin, ***Reizbare Maschinen.*** *Eine Geschichte des Körpers* 1765-1914, Suhrkamp, Frankfurt/Main 2001

Peter Sloterdijk, ***Kritik der zynischen Vernunft***, edition suhrkamp 1099, neue Folge 99, Frankfurt/Main 1983

Max Weber, ***Die protestantische Ethik und der Geist des Kapitalismus;*** in: Max Weber, ***Die protestantische Ethik I***. *Gesammelte Aufsätze,* C.H. Beck, Becksche Reihe, München/Hamburg 1969

Infos online

LaStaempfli aktuell unter
www.regulastaempfli.eu
Facebook, Google+, Twitter LaStaempfli
Die Autorin aktualisiert ihre Web- und Facebookseite fast täglich, versucht aber, dies nicht perfekt zu tun.
Auf www.regulastaempfli.eu und auf ihrer Facebookseite finden Sie Regula Stämpflis Kolumnen, ihren Youtube-Channel, Clips, Karten, T-Shirts und sonstige Gadgets. Alles zum myBook gibt's auf www.lieberichalsperfekt.com

Für Seminare und Weiterbildung:
www.regulastaempfli.eu
www.frauenseminar-bodensee.ch
www.onken-academy.ch

Marion Grillparzer
Autorin bei GLYX-Magazin
Kostenlos – der GLYX-Letter und das GLYX-Mix-Magazin:
www.mariongrillparzer.de
Blog der Herausgeberin, in dem sie schreibt, was ihr zum Thema Gesundheit durch den Kopf geht: www.xunt.de
News, aktuelle GLYX-Termine (Seminare, Ausbildung) und das Forum für Fragen und Erfahrungsaustausch:
www.die-glyx-diaet.de

978-3-517-08883-9

978-3-517-08830-3

978-3-517-09266-9

Frisch, fröhlich, individuell: myBooks – die neuen Ratgeber bei Südwest

978-3-517-08962-1

978-3-517-08840-2

978-3-517-08980-5

978-3-517-08841-9

978-3-517-08879-2

978-3-517-09274-4

Dank

Für ihre klugen Ratschläge, großes Engagement und liebevolle Hilfe danke ich Sarah Gast aus dem Südwest Verlag; ebenso danke ich Harry Kämmerer für seine humorvolle, unterstützende Begleitung. Meinen Kindern geb' ich alles und ein *grand merci,* dass sie mich im Schlussspurt der Arbeit so liebevoll unterstützt haben. Marion Grillparzer danke ich für unsere zauberhafte Freundschaft und das Wunder, das uns zusammengebracht hat. Apropos Wunder: ευχαριστω πολυ / *efcharistó polí* an meine Mit-Altgriechin und Lektorin Claudia Fritzsche. Selten war die Korrektur eines Buches derart lustvoll-vergnüglich, ein Glücksfall, der uns beide zusammen gebracht hat! Und Astrid Reinbacher ein riesiges Dankeschön, meine Buchstaben und meinen Text sinnlich-schön über die Seiten zu „bebildern".

Michael Gebendorfer und Georg Boscher sag' ich nur: *„Je vous adore! Merci* für alles, was Ihr mir Liebes tut, und ich freue mich auf zahlreiche weitere nächtliche Diskussionen mit viel Alkohol und Parisiennes."

Merci à tous et toutes!

Impressum

1. Auflage 2014

HINWEIS: Die Ratschläge/Informationen in diesem Buch sind von Autorin und Verlag sorgfältig erwogen und geprüft, dennoch kann eine Garantie nicht übernommen werden. Eine Haftung der Autorin bzw. des Verlags und seiner Beauftragten für Personen-, Sach- und Vermögensschäden ist ausgeschlossen.

Der Verlag weist ausdrücklich darauf hin, dass bei Links im Buch zum Zeitpunkt der Linksetzung keine illegalen Inhalte auf den verlinkten Seiten erkennbar waren. Auf die aktuelle und zukünftige Gestaltung, die Inhalte oder die Urheberschaft der verlinkten Seiten hat der Verlag keinerlei Einfluss. Deshalb distanziert sich der Verlag hiermit ausdrücklich von allen Inhalten der verlinkten Seiten, die nach der Linksetzung verändert wurden, und übernimmt für diese keine Haftung.

Der Verlag hat sich bemüht, die Rechte an allen verwendeten Zitaten zu klären. Sollte dies im Ausnahmefall nicht möglich gewesen sein, werden Berechtigte gebeten, sich zur Rechteklärung an den Verlag zu wenden.

KONZEPT MYBOOKS: Diese Buchreihe wurde konzipiert von Südwest Verlag und Marion Grillparzer

PROJEKTLEITUNG: Sarah Gast

REDAKTION: Claudia Fritzsche, München

UMSCHLAGGESTALTUNG UND GRUNDLAYOUT: *zeichenpool, München

COVERGESTALTUNG: *zeichenpool, München, unter Verwendung von Motiven von © shutterstock/katarina_1 und Aleksandra Novakovic

GESAMTPRODUCING UND EINZELSEITENGESTALTUNG:
Astrid Reinbacher, E DESIGN, Palma

BILDREDAKTION: Astrid Reinbacher, E DESIGN

BILDNACHWEIS: AKG-IMAGES: 16 (John Hios), 43 (D. Bellon), 85. DOLLARPHOTOCLUB: 14 (BäckersJunge), 20, 36 (Kanea), 24 (Jessaja), 26 (N. Freund), 27 (Grum_l), 31 (Pawe&#322), 32 (J. Y. Foy), 33 (rook76), 34 (H. Czauderna), 47 (davis), 48 (M. Schauer), 63 (olly), 65 (J. Brosch), 67 (I. Ixworth), 70 (AS Fotografie), 80 (A. Klementiev), 92 (Friedberg), 94 (assedesignen), 98 (VRD), 102 (M. Eichhammer), 106 (Jane Lane), 107 (ub-foto),109 (A. Zveiger), 113 (hemlep), 114 (marymyyr), 130 (alptekin109), 135 (Belphnaque), 137 (camera work), 138 (bpk / Antikensammlung, SMB / Johannes Laurentius), 136 (fotomaster), 142 (A. Parszyk), 144 (oxanam), 149 (J. Fälchle), 155 (LoloStock), 157 (MIMOHE), 163 (Carola G.), 165 (cede), 168 (ebednarek), 169,170 (WoGi), 172 (MAST), 174 (E. Stelmakh), 191 (oxanam). FOTOLIA: 117 (Nordreisender). GETTY IMAGES: 110 (Alvaro Rodriguez/Cover). MAURITIUS IMAGES: 159 (United Archives). 59 (Memac Ogilvy & Mather Dubai; Credits: Creative Director: Ramzi Moutran, Associate Creative Director: Sascha Kuntze, Art Director: Christopher Hunt, Sabia Fatayri, Leonardo Borges, Copywriter: Kareem Shuhaibar, Retouching Studio: Ricardo Moreira, Brazil). 73 (Heidrun Abt). 11, 13 (Michael Contes). 68, 77, 123, 174, 180, 188 (Michael Gebendorfer). 18, 45, 49, 52, 58, 61, 118, 166, 176, 178, 180, 182, 184, 186, 190, 196 (Astrid Reinbacher).

ILLUSTRATIONEN: DOLLARPHOTO: 17-25, 20, 28, 46, 50-53, 180-183, 55, 56, 63, 71, 73, 79, 82-89, 95-101, 114-117, 123-126, 130-134, 137-141, 159-162, 178-179, 188-197. SHUTTERSTOCK: 38-39, 58, 72-76, 103-108, 174, 198, 199, 110-111, 127-129, 186-187.

LITHOGRAFIE: JournalMedia GmbH, München

Verlagsgruppe Random House FSC® N001967
Das für dieses Buch verwendete FSC®-zertifizierte Papier *Tauro Offset* liefert Sappi, Stockstadt

DRUCK UND BINDUNG:
Těšinská tiskarná Český Těšin,
Printed in the Czech Republic

ISBN: 978-3-517-09277-5

MIX
Papier aus verantwortungsvollen Quellen
FSC® C005833
www.fsc.org

Zu bestellen.

Fidolino bringt alles zu Ihnen nach Hause!

Fatburner-Trampolin: Der fröhlichste Hometrainer der Welt wurde von einer renommierten deutschen Firma extra für Marion Grillparzer entwickelt, natürlich TÜV und GS geprüft. Das langlebige Fatburner-Trampolin gibt es in 4 Gewichtsklassen: von 30 bis 180 Kilogramm Körpergewicht (ab 189 Euro).

Galileo: Formen Sie Ihre Wunschfigur mit der Kraft der Vibration. So trainieren Astronauten im All – Profis und Faule auf der Erde: mit dem Minuten-Muskel-High-Tech-Gerät Galileo. 3-mal 10 Minuten die Woche reichen. Klinisch geprüft!

Eiweißpulver: Für Marion Grillparzer entwickeltes Eiweißpulver (fast) ohne Kohlenhydrate mit hoher biologischer Wertigkeit und niedrigem GLYX. Hilft, den täglichen Eiweißbedarf zu decken. Kommt ohne Farb-, Süß- und synthetische Aromastoffe aus (39 Euro).

Power-Mixer: Der Alleskönner ist in der Küche unverzichtbar! Er zaubert im Nu Nussmus, Pesto, cremige Smoothies, leckere Säfte, Eis, kalte Suppen und Drinks aus gefrorenen Zutaten. Er spaltet die Zellwände von Obst und Gemüse auf, macht so die Nährstoffe für den Körper verfügbar (ab 449 Euro).

Talisman: Für mehr Energie, mehr Selbstbewusstsein, mehr Glück! Handgefertigt in limitierter Auflage (79 Euro).

All-you-can-eat-Schokolade: Kleine Schokomanufaktur für zu Hause. Die vegane „Selber-mach-raw-Schokolade" hat einen niedrigen GLYX und macht schnell satt. Es süßt Agavensirup statt Zucker. Und der Kakaoanteil liegt über 75 Prozent. Das Starterset enthält Formen, Schüsseln, Stövchen und alle Zutaten, um Raw-Schoki selbst zu kreieren (für 79 Euro). Wer nur die Zutaten braucht, bestellt das Nachfüllset (36 Euro).

Kristall-Base-Bittertrunk: Eine Basen-Mineralmischung zur Entsäuerung des Körpers. Rein pflanzlich, aus 12 Kräutern, Blüten und Samenextrakten (150 g = 30 Portionen, 19 Euro).

Amino4u: Die rein pflanzlichen Tabletten enthalten alle 8 essenziellen Aminosäuren in quasi vorverdauter Form. Sie gelangen schnell ins Blut, prima, um (halb)leere Eiweißspeicher aufzufüllen. Praktisch für unterwegs.

Raw-Geräte: Wir haben die wunderbaren trendigen Dörr-Öfchen – auch in verschiedenen Größen. Wählen Sie selbst aus: Excalibur, Sedona und Dörrex (ab 146 Euro).

Powerleggs: Kompressionsleggings für ein effektiveres Fatburnertraining, schönere, glattere Haut, verstärkten Lymphfluss und ein leichtes Gefühl. (59 Euro).

Meine GLYXamine: Mehr Energie – weniger Heißhunger. Einzigartiges Granulat mit den Aminosäuren Tryptophan und Glutamin, B-Vitaminen, Biotin, Vitamin D_3, Chrom, Carnitin, Grüntee-Extrakt, Hydroxicitrat, OPC und Ballaststoffen (für 30 Tage 49 Euro).

Auch im Sortiment: Maxxl-Henkelmann, Spirali, Basenbad, Getreide-Mühle, Schrittzähler, Soyabella, Pulsuhr, Flexi-Bar, Bücher …

Individuelle Ernährungs-, Gesundheits- und Fitnessberatung: Das Experten-Team um Marion Grillparzer beantwortet Ihnen Ihre Fragen individuell und begleitet Sie auf Ihrem persönlichen Weg in ein gesünderes, leichteres Leben. Immer am Puls der Zeit und mit einfachen Gesundheits-Rezepten.

Bestellen und/oder informieren unter: www.fidolino.com
Fidolino berät Sie am Telefon – und liefert alles zu Ihnen nach Hause!

Telefon: 0049 (0)89 40 26 81 35
Fax: 0049 (0)89 40 26 81 34
E-Mail: info@fidolino.com